노자의 변명

노자의 변명

도덕경에 숨겨진
성(性)의 암호코드

치가 가즈키 지음 · 김치영 옮김

말·글빛냄

당신은 고대 중국의 현자 노자를 알고 있는가? 만약 노자를 알고 있다면 〈노자〉의 1장을 어떻게 해석했는가. 다음과 같이 해석한 글을 보았다면 당신의 눈을 의심하게 될 것이다.

道可道非常道 名可名非常名
(도가도비상도 명가명비상명)
無名天地之始 有名萬物之母
(무명천지지시 유명만물지모)
故常無欲以觀其妙 常有欲以觀其徼
(고상무욕이관기묘 상유욕이관기요)

此兩者 同出而異名

(차량자 동출이이명)

同謂之玄 玄之又玄 衆妙之門

(동위지현 현지우현 중묘지문)

도를 도라고 할 수 있는 것은 영원한 도가 아니며

이름을 이름이라 할 수 있는 것은 영원한 이름이 아니다.

이름이 없는 것은 천지의 시작이고,

이름이 있는 것은 만물의 어머니다.

그러므로 항상 욕심이 없으면 그 오묘함을 보고

항상 욕심이 있으면 그 가장자리를 본다.

이 둘은 같은 곳에서 나왔으나 이름만 달리할 뿐이니

이를 일러 현묘하다고 한다.

현묘하고 또 현묘해,

모든 묘함이 나오는 문이다.

나는 지금부터 성(性)의 비밀에 대해 말하려 한다. 그렇다고 해서
사람들이 흔히 이야기하는 일반적인 섹스에 대해 말하고자 하는 것
은 아니다. 궁극의 성이란, 우주를 만든 이름조차 없는 본질이다. 사

람들이 알고 있는 섹스는 그 본질의 실제와 비슷한 체험을 하는 것에 지나지 않는다. 그렇기 때문에 정욕의 차원을 초월해 성 그 자체의 본질을 보는 것이다.

사람들이 알고 있는 일반적인 성의 쾌락을 초월해 심오한 행복감의 세계가 그 안에 있다. 당신들은 한때의 섹스에도 엄청난 매력을 느끼면서 그보다 몇 배나 심오한 세계를 왜 알려 하지 않는가? 그것이야말로 궁극의 성, 즉 삼라만상을 초월한 진정한 행복으로 가는 길이다. 나는 지금부터 그 궁극의 사랑(엑스터시)으로 가는 길을 알려주려 한다.

〈노자〉의 1장이 세상에 알려진 해석과는 전혀 달라서 놀랐을 것이다. 그러나 이것은 결코 잘못된 해석이 아니다. 〈노자〉는 세상에 널리 알려진 그 문장 속에 밀교서로서의 가르침이 이중으로 숨겨져 있는 암호서이며, 그 비밀은 2,500년 동안이나 봉인되어 있었다.

노자는 동양의 현자로 현재 서양에서도 널리 알려져 있다. 지금까지 사람들은 표면적인 의미만으로 도를 이해해왔다. 나는 노자가 말하는 성이 무엇인지, 중국의 오지에서 직접 배웠고, 실제로 체험했다. 현대인들은 성이 인간의 행복과 불행을 결정짓는 힘을 갖고 있다는 것을 모르고 있다. 그 도의 진실을 〈노자〉의 새로운 해석과 나의 체험을 통해 밝히려 한다.

이 책에는 도(道)와 직접적인 관계가 없는 이야기 전개와 풍경 묘사가 나오는데, 그것은 道를 보다 깊이 이해하기 위해 꼭 필요한 부분이다. 너무 조급하게 생각하지 말고 道와 관계없는 묘사일수록 시간을 들여 천천히 음미하면서 읽기 바란다. 나의 체험을 자신의 것으로 만들기 위해서는 그 과정이 반드시 필요하기 때문이다.

차 례

머리말   5

제1장 〈노자〉의 비밀을 아는 사람과 만나다   13
     - 신선의 외모에 명석한 사고력을 지닌 노인

제2장 숲속에 감추어진 마을   23
     - 인류의 기억을 되살아나게 하는 신화의 세계

제3장 노자가 숨겨온 2,500년의 비밀   31
     - 우리가 몰랐던 태고의 지혜

제4장 파라다이스에서 사는 사람들   43
     - 정령과 교류하면서 마음을 닦는다

제5장 서서히 밝혀지는 도의 진실   55
     - 성의와 철학을 접목시킨 인간 본연의 도

제6장 성(性)스러운 우주   83

　　　-우주는 성의 황홀경(엑스터시)으로 만들어졌다

제7장 성과 인간사회   105

　　　-성이 본질에서 벗어나 욕망으로 변하는 순간

제8장 인간의 모든 것을 결정짓는 성   113

　　　-영원한 행복으로 이끄는 참다운 도

제9장 성 에너지와 성스러운 섹스   125

　　　-대자연이 연주하는 멜로디의 기쁨

제10장 몸을 다스리는 비결   143

　　　-인체의 초 법칙을 깨우친 사람들

제11장 사랑이 충만한 춤의 바다 151
　　-만물일체감으로 인도하는 성스러운 축제

제12장 사랑과 욕망의 갈림길 173
　　-지구상에서 가장 올바르게 진화한 사회 시스템

제13장 드디어 밝혀진 노자의 성 암호 185
　　-태고의 성과 우주에 대한 초의식

제14장 이별의 시간 193
　　-생명과 영혼의 환희, 끝없는 황홀경에 빠져

부록 원문 <노자> - 성(聖)스러운 성(性) 201

제1장

〈노자〉의 비밀을 아는 사람과 만나다

– 신선의 외모에 명석한 사고력을 지닌 노인

노자는 현재 서양에서도 가장 널리 알려진 동양의 현자 중 한 사람이다.

그렇지만 사람들은 표면적 의미만으로 道(도교)를 이해하려 한다.

노자는 무엇 때문에 그것을 암호화한 것일까?

거기에는 어떤 비밀이 숨겨져 있을까?

그것은 정말 우연한 만남이었다. 중국 운남성의 깊은 산속 마을에서 나는 생각지도 못했던 사람을 만나게 되었다. 그와의 만남은 내 인생의 시야를 수백 배나 넓혀줄 정도로 엄청난 충격을 주었다.

　중국 여행은 세 번째였다. 당시 학생이었던 나는 돈을 절약하려고 매번 배를 타고 일본에서 중국으로 건너갔다. 나는 중국 고대사에 관심이 많아 중국 고대철학을 전공했고 중국의 오랜 문화에 매료되어 있었다. 중국어 공부도 열심히 했고, 오래전부터 마음속에 가보고 싶은 곳이 있었다. 그래도 그럭저럭 이번 여행에서는 가고 싶었던 마을에 갈 수 있었다.

　문명의 발길이 거의 닿지 않은 그 마을까지는 지난번 여행에서 알게 된 중국인에게 동행을 부탁했다. 그는 그 마을에 한 번 가본 적이 있었다. 그를 만난 중국 남방의 마을에서 산악지대 오지에 있는 이 마을까지는 꼬박 이틀이 걸렸다.

운남성 남단의 산맥 지역은 인접해 있는 미얀마 북부를 포함해 일본 혼슈(本州)의 반 정도 되는 넓은 지역이다. 20개가 넘는 소수민족이 생활하고 있으며, 중국 정부에 의해 외국인 미개방 지역으로 지정되었다. 나는 왠지 모를 불안감에 망설여졌다. 하지만 괜찮다는 안내인의 말을 믿고 가기로 했다.

우리는 비포장도로를 차로 4~5시간 정도 달렸다. 주위에는 녹차밭이 넓게 펼쳐져 있었다. 차로 가기에는 험한 산길을 몇 시간 더 달린 후, 그날은 차에서 하룻밤을 보냈다. 다음날 우리는 차로는 더 이상 갈 수 없는 산속을 아직 어둠이 채 가시지 않은 이른 아침부터 날이 저물 때까지 계속 걸었다. 그러나 그때까지만 해도 이 먼 길의 저편에 그러한 만남이 기다리고 있으리라고는 생각지도 못했다.

차를 두고 우리는 산길을 걸어가기 시작했다. 좁은 길이 계속 이어졌다. 나중에는 길다운 길마저 없어졌다. 그는 길 없는 길을 따라 산속 깊이 계속 들어갔다. 나는 그 뒤를 가까스로 따라갔다. 깊은 숲속에서는 독특한 냄새가 났으며 길은 평탄하지 않았다. 그렇게 2~3시간을 더 걸었을까. 남국의 무성한 정글을 연상케 하는 숲이 보이기 시작했다.

 이곳은 일본의 오키나와보다도 남쪽에 위치하고 있는 지역이라 식물도 중국의 이미지와는 거리가 먼 상하(常夏)의 나라에나 있을 법한 거대한 잎을 가진 식물이 많다. 나는 일본의 자연에 익숙해져 있기에 나뭇잎들이 비정상적으로 크게 느껴졌다. '공룡이 살았을 것 같은 태고의 자연은 이렇게 나무들이 무성했겠지.' 그러한 상상을 하면서도 부지런히 그를 따라갔다. 몸에 닿는 큰 잎들을 헤치면서 앞으로 걸어나가는 느낌은 마치 원시시대로 돌아간 것 같은 묘한 쾌감도 느껴졌다. 하지만 점점 지쳐갔다.

 그는 나만큼 피곤해하지는 않았다. 기분 좋은 피로감이긴 하지만 그를 따라가는 것이 점점 힘들어졌다. 이러한 정글에는 사람이 찾아오지 않는 것이 당연했다. 그렇게 5~6시간을 계속 걸었을까, 더 이상 생각할 여력도 없을 정도로 지쳐 무의식적으로 발을 옮겼다. 그때 아름다운 계곡이 눈앞에 펼쳐졌다. 아득히 먼 산들을 배경으로 한 웅대한 계곡이었다. 계곡 아래에 물이 넘칠 듯 출렁거리는 강이 흘렀는데 주변 풍경과 어우러져 절경을 이루었다. 그는 발길을 멈추었고, 우리는 그곳에서 잠깐 쉬어가기로 했다.

 갑자기 눈앞에 펼쳐진 웅대한 계곡은 단순히 아름다울 뿐만 아니라 무언가를 느끼게 했다. 일본에서는 매일 시간에 쫓기며 지냈고,

그렇게 자라온 나는 '자연은 아름다운 것이다'라는 틀에 박힌 생각밖에 하지 못했다. 그러나 이 계곡은 일본에서 느꼈을 때와 전혀 다른 시간의 흐름을 나에게 가르쳐주었다. 이 원시의 숲속 깊은 곳에서 느낀 것은 잊고 있었던 위대한 시간의 존재였다. 그것은 나를 깊이 감쌌으며 무언가의 존재를 끝없이 느끼게 했다. 이러한 감각은 깊은 자연 속을 걸어오는 시간 동안 조금씩 되살아난 내 속의 원시 본능이었을까?

그러나 어머니 같은 대자연 속에서 내가 느낀 '무언가'와 함께 생활하고 있는 숲의 사람들과 곧 만날 운명이었다. 계곡에서 4시간 정도 더 걸어 이윽고 마을에 도착했다. 어떻게 이러한 정글 속에 마을이 있을까라는 생각이 들 정도로 깊은 숲속 마을이었다. 나를 그곳까지 안내한 그는 마을의 추장과 면식이 있었다. 덕분에 우리는 마을에서 가장 큰 집에 묵게 되었다. 그는 다음날 같은 길을 혼자 되돌아갔다.

이 마을은 외부 사람이 방문하는 일은 거의 없어 식생활도 자급자족했으며 다른 중국 사회와는 동떨어진 독자적인 문화를 갖고 있었다. 아마 중국의 고대문화가 그대로 유지되어 온 것이라 생각된다. 어머니와 같은 산과, 사람이 찾아오기 힘든 깊고 깊은 정글이 이 마을의 문화를 지켜온 것이다. 사람들은 모두 소박하고 선량했다.

마을에 도착한 다음날 나는 노인을 만났다. 그 노인은 백발을 늘어뜨린 신선의 외모로 긴 머리를 묶었다. 노인을 만난 순간 나는 다른 사람과는 어딘지 모르게 다르다는 인상을 받았다. 그의 눈은 온화함이 넘쳤다. 그렇지만 눈과 눈이 마주쳤을 때는 몸이 긴장될 정도로 강렬한 눈빛을 느꼈다.

"어디에서 왔는가?"

노인이 나에게 물었다.

나는 "중국의 고대 문화를 만나고 싶어 일본에서 왔습니다"라고 대답했다. 그 이후에도 노인은 나에게 관심이 있는지 내가 묵는 집에 가끔씩 얼굴을 비췄다. 그는 분명 우리가 모르는 무언가를 알고 있었다. 그는 항상 그러한 분위기를 느끼게 하는 사람이었다. 마을 사람들 모두 그를 존경했다.

그런데 항상 저녁이 되면 그의 모습이 보이지 않았다. 깊은 산속 마을에서 사라져 대체 어디로 가는 것일까? 그는 분명 나와 똑같은 사람이었지만 왠지 모르게 불가사의한 전설 속의 등장인물처럼 느껴졌다. 이 마을에 온 지 며칠이 지난 후 그는 나에게 무언가를 결심한 사람처럼 말했다.

"나의 마을에 와보지 않을 텐가?"

대체 어떤 의미일까? 이 마을 말고 또 마을이 있는 걸까? 나는 그 말이 무엇을 의미하는지도 모른 채 "예"라고 대답했다. 그는 "따라오게"라고 말하고는 뒤도 돌아보지 않고 말없이 걸어갔다.

노인은 당시 82살이었다. 그러나 청년과 같은 명석한 사고력을 지닌 사람이었다. 허리도 전혀 굽지 않았다. 그러한 그의 뒷모습을 보면서 '어떻게 이러한 젊음을 유지하고 있는 걸까'라는 생각을 하며 뒤따라갔다. 또한 '대체 그는 어디로 가는 걸까?'라는 의문이 떠나지 않았다.

우리는 예상보다 오래 걸었고 더 깊은 산속으로 들어갔다. 숲속에서 까악까악 하고 큰소리로 우는 새 울음소리가 들려왔다. 2시간은 족히 걸었을까. 목적지가 있는 산에 드디어 도착했다. 산중턱에 간소한 신당(神堂)이 보였기 때문이다. 입구에는 일본 신사의 도리이(鳥居: 신사 입구에 세워진 일본의 전통적인 문)를 가로로 길게 만든 문이 있었다. 문의 중앙에 새를 조각해놓은 것이 인상적이었다.

노인은 길이 50m 정도 되는 넓은 정원을 지나 낡고 간소한 신당 안으로 들어갔다. 전문가가 만든 것처럼 보이지는 않았다. 노인은 나를 신당 안의 작은 방으로 안내했다. 그곳에서 노인은 소중하게 보관해놓은 책 한 권을 꺼냈다. 활자책이 아닌 손수 쓴 책이었는데 굉장히 오래된 것이었다. 〈노자〉라고 쓰여 있었다.

노자는 중국 고대의 현자이며 그가 쓴 책의 이름이기도 했다. 나는 대학 수업 때 대만에서 출판된 중국어판 〈노자〉를 공부한 적이 있어 잘 알고 있었다. 그러나 노인이 꺼낸 책은 원래 〈노자〉의 반 정도 밖에 안 되는 두께였다. 자세히 보니 일반적으로 알려진 〈노자〉와 순서도 달랐다.

노자를 잘 모르는 사람들을 위해 잠깐 설명을 하자면, 동양에서는 중국 고대 사상가로는 공자가 가장 유명하다. 〈논어〉로도 잘 알려져 있는 공자는 중국 역사에 가장 큰 영향을 미친 인물이다. 그러나 중국에서는 공자와 동시대의 인물로 중국 역사에 큰 영향을 미친 공자에 버금가는 인물이 있다.

공자의 사상은 지배계층에게 지지를 받은 반면 그의 사상은 하위 계층에서 점차 확대되어 갔다. 공자는 인간사회에서 삶의 태도에 대해 논했고, 그는 사람이라는 틀을 초월해 광범위한 시점에서 인간 본연의 모습을 추구했다. 그가 바로 노자이다.

오늘날 그의 사상은 서양의 지식인들 사이에서도 Tao(道)라고 불리며, 일본의 Zen(禪)과 함께 널리 공감을 얻고 있다. 그의 사상은 道라는 말에 집약되어 있다. 대우주의 흐름을 진정으로 따르는 삶의 태도를 그는 道라고 불렀다. 고대 중국에서는 道를 삶의 태도에 빗대어 설명했다.

"인간의 편협한 마음을 버리고 강의 흐름을 따라 헤엄치는 물고기와 같이 대자연의 이치에 맞는 삶의 태도를 취할 때 비로소 진정한 행복에 도달할 수 있다."

그러한 삶의 태도가 바로 그가 말하는 道이다. 그러한데 내가 이 책을 쓰려고 한 목적 중 하나는 일반적으로 알려진 〈노자〉의 해석이 그가 말하는 道의 전부가 결코 아니라는 것을 노인을 만나서 알게 되었기 때문이다. 중국인은 물론이고 도교를 믿는 사람들조차 진실을 아는 사람은 거의 없다. 그가 말하는 道는 사실은 성(성행위)을 의미하는 암호이다.

노자는 현재 서양에서도 가장 잘 알려진 동양 현자 중 한 사람이다. 사람들은 표면적인 의미만으로 道(노자가 말하는 도)를 이해하고 있다. 그는 무엇을 위해 그것을 암호화한 것일까? 거기에는 어떤 비밀이 숨겨져 있을까? 나는 이 마을에서의 체험을 통해 그 진실을 알게 되었다.

제2장

숲속에 감추어진 마을
- 인류의 기억을 되살아나게 하는 신화의 세계

마을 사람들은 모두 깊은 관찰력과 통찰력을 갖고 있었다.

마치 텔레파시라도 사용하는 것처럼

나의 일거수일투족을 통해 내가 무엇을 생각하는지 꿰뚫어보고

과거의 경험까지도 알아맞추는 놀라운 관찰력은

문명사회의 사람들과는 전혀 다른 모습이었다.

나는 노인이 보여준 〈노자〉에 흥미를 느꼈다. 그러나 한편으로는 〈노자〉에 대한 나의 지식에 의문을 품게 되었다. 노인이 '마을'이라고 한 것은 이 신당을 말하는 것일까? 그는 마음의 고향이라는 의미로 이 신당이 있는 장소를 마을이라고 한 것일까?

　그러나 노인은 그 신당에서 곧바로 나왔다. 정글 같은 숲속을 20~30분 정도 더 걸었다. 도중에 작은 폭포에서 물놀이를 하고 있는 10세 전후의 소녀 세 명을 만났다. 그녀들은 웃는 얼굴로 노인에게 인사를 했다. 중국어가 아니라서 놀랐다. 나에게도 웃는 얼굴로 인사했는데 무슨 말인지 몰라 그냥 웃음으로 대신했다. 나는 그 소녀들에게서 강렬한 인상을 받았다.

소녀들 중 두 명은 소수민족이 입는 손수 만든 옷을 입고 있었다. 선명한 빨간색의 아름다운 옷이었다. 마치 정글 속의 색색의 카나리아처럼 숲과 조화를 이루었다. 그중 한 명은 원피스와 비슷한 옷을 입었고 나이가 제일 많아 보였다. 아직 어린아이들인데도 차분하고 풍부한 모성을 느끼게 하는 눈이 인상적이었다. 마치 나를 감싸 안아주는 듯한 온화하고 속박 같은 것은 모른다는 천진난만한 눈빛이었다. 그녀들의 눈빛을 보면서 나 자신의 마음이 얼마나 자유롭지 못한지를 깨달았다.

또 한 명은 천 하나만을 허리에 두르고 있었다. 상반신은 벗은 상태였다. 머리는 독특하고도 세련되게 묶었다. 나중에 그녀의 이름이 '멘라'라는 것을 알았다. 총명하고 영리해 보이는 그녀의 갈색 눈에 나는 왠지 모르게 끌렸다.

또 한 명은 큰 나뭇잎을 여러 장 겹쳐 만든 장난기 가득한 나뭇잎 치마를 입고 있었다. 내 눈에는 그 모습이 원시적이라기보다 세련되고 멋있어 보였다. 머리카락은 다른 스타일로 묶었고, 머리에는 예쁜 생화를 꽂았다. 마치 상상 속의 낙원의 모습을 연상케 하는 그녀의 모습은 정글에 녹아들어 하나가 되어 있었다.

그리고 무엇보다 놀란 것은 그녀들의 풍요로운 표정이었다. 인간의 얼굴은 그 사람이 자라온 배경을 한순간에 나타내는 것이라고 이

때 생각했다. 즐겁고 천진난만한 눈빛은 단순히 예쁠 뿐만 아니라 나를 온갖 속박에서 해방시켜주는 듯했다. 나는 이렇게 맑고 투명한 눈을 본 적이 없다. 그녀들의 존재는 마치 신화 속 세계로 들어간 듯한 착각마저 들게 했다.

노인이 보여준 〈노자〉에 대한 흥미도 지금 이 순간만큼은 사라졌다. 그녀들의 존재가 훨씬 더 강력했기 때문이다. 그러나 그녀들과의 만남은 나의 이문화 체험의 시작에 불과했다. 그것은 정말 우리들이 사는 세계와는 다른 세계의 실재를 의미하는 것이다.

그녀들과 헤어져 조금 걷자 그녀들의 마을로 보이는 곳에 도착했다. 역시 또 다른 마을이 있었던 것이다. 좁은 길을 걸어가야 했다. 하지만 눈앞에 탁 트인 경관과 먼발치에 산들이 보였다.

드디어 마을이 눈앞에 나타났다. 일본의 토로유적(登呂遺跡: 시즈오카(靜岡) 남부에 있는 야요이시대 후기 유적)을 조금 확대한 집들이 띄엄띄엄 있었다. 주위에는 논밭이 아름답게 펼쳐져 있었다. 마치 태고시대에 타임머신을 타고 온 것 같은 착각에 빠졌다.

첫 번째 마을도 분명히 내가 가보고 싶었던 고대 중국 그 자체였다. 하지만 이 마을은 첫 번째 마을보다 훨씬 더 고대 중국을 느낄 수 있었다. 실제로 생활양식은 일본의 야요이시대나 죠몬(繩文)시대와 별 차이가 없는 인상을 받았다.

마을에 처음 들어섰을 때부터 이상하게 낯설지 않고 편안한 느낌이 들었다. 말로는 표현하기 어렵지만 시간이 정지한 듯한 유구한 시간들이 넘친다고 할까. 그것은 나 개인의 기억을 초월해 인류로서의 큰 기억이 이 마을 풍경을 예전에 본 것 같은 느낌이 들게 했다. 다른 어떤 것으로도 비유할 수 없는 편안함과 위안을 느끼는 것이다. 인구는 2백 명 정도였다. 차도 없고 자전거도 없다는 점은 전에 갔던 마을과 같았다. 특이한 점은 이 마을에는 신발이 없어 모두 맨발이라는 것이다.

나는 먼 고대를 떠올리게 하는 이 마을의 공간과는 대조적인 마을 사람들의 지적인 얼굴과 아름다움에 강한 인상을 받았다. 깊은 산속의 사람들이 어떻게 이러한 모습을 하고 있을까라는 생각이 들 정도로 지적인 얼굴이었다.

조금 더 걸어 도착한 곳은 다름 아닌 노인의 집이었다. 노인은 역시 이 마을 사람이었던 것이다! 그의 집은 검소했으나 이 마을에서는 가장 컸다. 안으로 들어가니 부인이 반갑게 맞아주었다. 역시 미인이었다. 미소 지을 때의 온화한 눈빛이 부처님의 자비로운 눈과 닮았을 정도로 인상적이었다. 50세가 안 되어 보였는데 나중에 나이를 듣고 깜짝 놀랐다. 73세라고 했다.

집안은 일본과는 달리 다다미가 아니었다. 그러한데도 왠지 낯설

지 않았다. 흙의 향기와 바닥에 깔려 있는 쿠바 잎 등이 편안한 느낌
을 주었다.

　나는 그날 노인의 집에서 묵었다. 그날뿐만 아니라 그 후에도 몇
주 동안 노인의 집에서 지냈다. 마을 사람들은 낯선 나의 존재를 반
갑게 맞아주었다. 나는 마을 사람들을 알면 알수록 우리에게는 없는
자연적인 인간성에 끌렸다. 남자들은 말수는 적었지만 배려심이 깊
었다. 내가 직접 본 것은 아니지만 몇 번이나 그러한 일이 있었다고
한다. 나이 많은 여성들은 수다스러운 사람이 많기 때문에 무슨 일
이 있었는지 금방 알 수 있었다. 그녀들의 깊은 통찰력에 놀랄 뿐이
었다. 마을 사람들은 모두 깊은 관찰력과 통찰력을 갖고 있었다. 마
치 텔레파시라도 사용하는 것처럼 나의 일거수일투족을 통해 내가
무엇을 생각하는지 꿰뚫어보고 과거의 경험까지도 알아맞추는 놀
라운 관찰력은 문명사회의 사람들과는 전혀 다른 모습이었다.

　인생 경험이 많은 사람의 깊은 연륜이 느껴지는 그녀들은 마치 마
음의 고향인 어머니와 같아서 내 모든 것을 맡겨도 좋았다. 그녀들
의 품속은 모든 것을 치유해주고 모든 것을 이해해주었다. 어느 집
이든 그러한 할머니들은 가족을 지키는 신적인 존재였다. 이 마을의
할머니들에게는 문명사회의 사람들에게는 없는 미지의 세계가 존
재하는 걸까? 말로 설명해줘도 이해하기 어려웠다. 나는 함께 생활

하다 보면 알 수 있을지도 모른다는 작은 기대를 품었다.

문명화되지 않은 사람들이 모두 이러한 매력을 갖고 있는 것은 아니다. 무엇이 이러한 차이를 가져오는 걸까? 나의 최대 관심사는 점점 이 한 가지에 집중되었다.

이 마을에서는 축제가 자주 열린다. 마치 매일매일이 축제였다. 축제 때 나는 정신과 육체가 만나는 충격적인 경험을 했다.

제3장

노자가 숨겨온 2,500년의 비밀

-우리가 몰랐던 태고의 지혜

노자의 도는 암호와도 같은 것으로

성을 의미한다.

이 말은 마땅한 때가 올 때까지

봉인되어 있어야 한다고 전해져오는 말이다.

마을에 온 지 이틀 후에 노인은 전에 함께 갔던 신당에 나를 또 데리고 갔다. 이 마을은 높은 산 위에 있어 안개가 끼는 날이 많다. 그날도 그랬다. 안개로 앞이 잘 보이지 않는 환상적인 산길을 노인을 따라 신당으로 향했다.

이른 아침의 상쾌한 공기를 피부로 느꼈다. 나는 왠지 이러한 날씨가 좋았다. 이러한 날은 기분이 차분해진다. 거친 숨을 몰아쉬며 목적지에 도착했다. 신당 주변에도 안개가 자욱했다. 안으로 들어가서 나는 내내 마음에 걸렸던 〈노자〉를 자세히 보고 싶어 허락을 받고 손에 집어들었다. 현재의 〈노자〉의 반 정도 되는 분량이라 했는데 자세히 보니 한 번도 본 적이 없는 내용도 있었다.

노인이 말했다.

"현재 세상에서 읽혀지는 〈노자〉는, 노자의 표면적인 사상 개념을 계승한 사람들이 후세에 추가하고 덧붙인 부분이 절반을 넘는다네. 안타까운 일이지."

나는 〈노자〉가 한 사람이 쓴 책이 아니라고 배웠기 때문에 노인의 말에 그다지 놀라지 않았다. 그는 〈노자〉를 다시 집어들고는 첫 페이지를 펼쳐 나에게 보여주면서 "이것의 의미를 알고 있는가?"라며 첫 문장을 손으로 가리키며 물었다. 거기에는,

도가도비상도(道可道非常道)

라고 쓰여 있었다.

이 첫 번째 장은 현재의 〈노자〉와 똑같았다. 나는 내가 알고 있는 의미에 대해 말했다. 道란 말로 설명할 수 없는 심오한 것을 의미한다고, 대학에서 배웠기 때문이다. 하지만 노인은 손을 저었다.

"세상에는 분명히 그렇게 알려져 있네. 하지만 그것은 가장된 표면상의 의미이지. 사실은 그 의미 속에 진짜 의미가 숨겨져 있

다네."

그 후에 그가 말해준 내용은 실로 놀라웠다. 〈노자〉는 사실 밀교
서(密敎書)이기 때문에 겉으로 드러나는 의미 속에 밀교서로서의 진
정한 의미가 숨겨져 있다는 것이었다. 노자가 숨기면서까지 세상에
남기려 했던 진정한 의미는 무엇일까? 그것은 바로 고대의 지혜였
다. 노자는 2,500년 이전의 사람이다. 그러한 그가 살던 시대에도 사
라져가는 태고의 지혜가 존재했던 것이다. 그는 그러한 보물 같은
비밀이 후세에 알려지기를 기대하며 암호 방식으로 남겼다.

태고의 지혜란 태고적 사람들 모두가 갖고 있던 성(性)에 관한 깊
은 인식과 이해였다. 성이라 하면 현대인은 섹스만을 떠올리기 쉽
다. 그러나 무릇 성이란 모든 인간의 근원이며, 인간의 마음속 세계
의 근원이기도 하다. 마음이 좋고 나쁜 것은 모두 성 에너지가 만들
어낸다는 것이다.

노인은 〈노자〉의 앞부분을 중국어로 설명해주었다. 다소 난해한
부분도 있었지만 대략 다음과 같은 뜻이었다.

"사람들은 이성에게 매력을 느끼고 끌린다. 이성에 대해 끌리
는 마음만큼 강한 것은 없다. 그리고 머지않아 서로의 몸을 원하

는 때가 온다.

몸과 몸이 만날 때 사람은 지금까지 느끼지 못했던 도취감을 체험한다. 도취감의 정점을 한번 경험하고 나면 몇 번이고 그것을 원한다. 그것은 사람들에게 극도의 행복감을 느끼게 해주기 때문이다.

그것은 또한 순간이기는 하지만 모든 고통을 잊게 만든다. 모든 것이 연결된 만족스러운 사랑의 느낌 속을 떠돌게 한다. 그리고 그러한 상태가 더 지속되기를 바란다. 이렇게 해서 사람은 무의식으로 돌아가기를 갈구하면서 극도의 행복감의 세계를 경험한다."

'극도의 행복감의 세계'라는 말을 듣자 내 뇌리에는 폭포에서 만난 소녀들의 얼굴이 떠올랐다. 그야말로 소녀들의 얼굴은 극도의 행복감으로 충만해 있었고, 그 모습에 내 마음은 녹아내렸다. 노인은 계속 말을 이어갔다.

"사람은 이러한 극도의 행복감의 세계에 섹스 없이도 들어갈 수 있네. 그때야말로 영원한 진짜 그것과 만나게 되지. '상(常)'이란 '불변'의 의미를 갖고 있다네. 노자는 불변적 그리고 보편적

차원, 시간과 공간에 좌우되지 않는 절대적인 차원을 상이라고
했지."

노인은 내가 몰랐던 성에 대한 인식을 갖고 있었다. 우리는 대부
분 성은 통제하기 어려운 본능이라고 생각한다. 성은 동물적 본능이
기 때문에 노골적으로 말하는 것은 상스러운 일이라고 여겨왔다. 성
욕은 통제할 수 없는 욕구이지만 겉으로 표현해서는 안 된다고 여기
면서 정체를 알 수 없는 괴물처럼 성을 두려워하는 것이다. 그러나
우리가 성을 그렇게 생각하는 것은 우리의 성이 그렇기 때문이다.
노인에 따르면 현대 문명사회는 천사 같은 성을 악마로 둔갑시켜 버
렸다. 또한 이 사회가 성을 난폭한 괴물로 받아들이는 이유는 우리
인간이 자연의 일부라는 진실을 망각한 결과라고 한다.
　그는 이어 말했다.

"노자의 도는 암호이며 성을 의미하지. 이 말은 마땅한 때가
올 때까지 봉인되어 있어야 한다고 전해져오는 말이네. '도가도
비상도(道可道非常道)'의 진정한 뜻은 무엇일까? 사람들이 알고
있는 도(=성행위, 엑스터시)는 '비상도(非常道)'라는 것, 즉 일시적
인 쾌락에 지나지 않는다는 의미이며, 그렇게 지적함으로써 절

대적인 도가 존재한다는 것을 암시하네.

　사람들은 그것을 정말 한순간에 끝내버리기 때문에 계속해서 갈구해야 하는 성과 사랑의 노예와 같은 상태에 빠져 있지. 성욕에 사로잡혀 있고, 또 사랑을 갈구하며 살아가는 것이지. 그렇게 마음속 어딘가에서 항상 원하지만 결코 충족되지 않아 시간과 장소에 얽매여 살아가고 있다네. 그래서 노자는 사람들이 진정으로 자유롭지 못하다고 지적했다네."

나는 노인의 말을 정확하게 이해하기 어려웠다.

　"성은 인간의 근본적인 힘이라네. 성의 존재에 대한 파악과 인식에 따라 사람 본연의 모습이 정해지지. 성의 질과 차원은 사람으로서의 질과 차원을 결정한다네. 사회가 인식하는 성의 모습은 사회 전체를 결정짓는 지배력을 갖고 있어. 사회가 욕망의 노예와 같은 상태에 빠져 있는 것도, 근본적으로는 성 문제가 얽혀 있지. 상도(常道)를 이해하기까지 인간은 고통 받을 수밖에 없다네."

이 말의 의미를 금방 이해할 수 있었던 것은 아니다. 하지만 진리가 숨겨져 있다는 것을 직감적으로 깨달았다. 그렇다 해도 왜 道가 섹스와 같은 것일까? 노인은 당연하다는 듯이 말했다.

사실 그 말 속에 중대한 진리가 숨겨져 있다는 것을 나는 나중에 알게 되었다. 그에 따르면 노자의 '상도'란 우주 그 자체의 성이며 의식이다. 그리고 이 진실은 세상 어느 누구도 알지 못하는 진리이며, 단지 노인의 가문과 마을 사람들에 의해 2,500년 동안 지켜져 온, 외부에 전혀 누출되지 않은 비밀이었다.

그렇다면 마을 사람들의 빛나는 인간적 매력의 정체도 이 비밀과 관련이 있는 것일까? 노인은 이어 말했다.

　　"나의 마을에서 생활해보면, 인간의 본래의 성이 무엇인지 알
　　게 될 게야."

그렇다면 일개 소수민족인 노인이 어떻게 노자의 비밀을 알고 있는 것일까? 대체 이 마을 사람들의 정체는 무엇일까? 이러한 내 생각을 꿰뚫어보기라도 한듯 노인은 마을의 역사에 대해 들려주었다.

　　"이 마을은 한 집안을 중심으로 생겨난 마을이라네. 그 집안은
　　〈노자〉의 오래된 사본과 비밀을 지켜왔지. 장로는 그 집안 사람

이 대대로 물려받게 되어 있어. 나 역시 그 집안의 사람이라네."

노인은 이 마을의 장로였다. 그리고 처음에 안내해준 검소한 신당은 대대로 이어져 내려온 장로들을 모시는 곳이기도 했다. 그러나 노인의 말을 들으면 들을수록 의문이 커져갔다. 노인이 한(漢)민족이 아닌 소수민족의 장로라면 왜 〈노자〉의 사본과 비밀을 계승하고 있는 것일까? 노인은 계속 말했다.

"우리 집안은 노자의 자손이라는 말도 있네. 그 외에도 선조 때부터 다양한 전설이 전해 내려오고 있다네."

그러나 점점 의문은 커져 갔다. 노자의 자손이라면 그는 한족이 아니라는 말인가? 노인은 말했다.

"노자는 태고의 문화를 사랑한 인물이지. 사실 노자는 사상을 만든 것은 아니네. 문명화로 마음의 문화를 잃어갈 때 오로지 태고의 문화를 그대로 지키려 한 것이네. 그렇기 때문에 그의 세계관은 그가 만든 것이 아니야. 그의 세계관의 근원은 태고의 인류의 이상향에 있지."

이때 나의 의문이 완전히 풀린 것은 아니었지만 이 마을에서 노자와 관련된 무언가 특별한 경험을 할 수 있으리라는 생각이 들었다.

제4장
파라다이스에서 사는 사람들
-정령과 교류하면서 마음을 닦는다

꽃을 보고 아름답다고 느끼는 마음이 생기는 것은

꽃의 정령의 작용을 영혼이 느끼기 때문이다.

아름답다고 느끼는 마음이 강하면 강할수록

정령에 대한 감지 능력도 강해진다.

정령들은 인간을 보다 높은 차원으로 이끌고

보다 아름답게 하는 힘을 갖고 있다.

나는 마을을 방문한 후, 이상한 안도감을 느낄 수 있었다. 날이 가면 갈수록 그 안도감은 내 안에 정착해 갔다. 마치 수천 년 전부터 이 마을을 알고 있었던 듯, 진짜 고향에 돌아온 것 같은 감개무량하고 묘한 기분이 들었다.

　인간에게는 육체의 머리를 초월한 영혼의 기억이 있어서 그 거대한 기억은 수천 년 혹은 수만 년 전의 생활을 잊지 않게 해준다. 분명 그렇다. 마을 사람들에 대해서도 그랬다. 나는 지금까지 만난 그 누구보다도 그들에게 친근감을 느꼈다. 그것은 아마도 나의 영혼의 기억 속에 있는 수만 년 전의 이상향 시대의 자질을 그들이 갖고 있기 때문인지도 모른다.

나는 마을 사람들과 함께 생활하는 것이 좋았다. 매일 강에 물을 길으러 갈 때도 함께 갔고 농사도 함께 지었다. 그러한 사소한 것 하나하나가 너무 행복하게 느껴졌다. 그들도 나의 그러한 모습에 호감을 느꼈다.

이 마을에 있으면 시간이 천천히 흐른다. 농사와 직물을 짜는 일도 결코 시간에 쫓기는 법이 없었다. 농사는 다 같이 노래를 부르면서 노래에 맞춰 수확을 했다. 일본의 농사만큼 힘들지 않고 심어놓고 수확만 하면 되는 작물이 거의 대부분이었다.

전에 만났던 소녀들에게 강렬한 인상을 받았던 것처럼 그들의 얼굴 표정은 같은 동양인인데도 경직되어 있고 긴장감이 도는 일본인과는 달라도 너무 다르다. 보는 것만으로도 마음이 즐거워지는 건강한 웃는 얼굴, 부끄러움을 많이 타는 젊은 여성의 수줍은 웃는 얼굴, 그들은 웃는 얼굴이 가장 잘 어울린다. '이 마을에 평생 살면 얼마나 행복할까'라는 생각이 들었다.

근처에 있는 강에서는 물고기가 잘 잡힌다. 하지만 그들은 물고기를 신의 사자라고 여겨 특별한 날이 아니면 먹지 않는다. 그들은 나를 마음에 들어했다. 왜냐하면 내가 마을을 처음 방문했을 때 장시간에 걸쳐 기도를 드린 후 강으로 들어가 물고기를 잡아 먹여주었기 때문이다. 그것은 최대의 환영식이었다.

이 마을에서는 소박한 농작물만으로 식생활을 했다. 설령 농사가 흉년이라도 잣, 도토리, 밤 등의 나무 열매가 많기 때문에 먹을거리에 대한 걱정은 없다. 또 과일도 넘칠 만큼 많았다.

여자들은 시간이 날 때마다 직물을 짰다. 일상생활에 필요한 것은 금방 만들 수 있는데도 그녀들은 시간을 들여 정성스럽게 만들었다. 여자들이 이 일을 하는 것은 생활에 필요한 것을 만들기 위해서이기도 하지만 옷 입기를 즐기는 아름다움에 대한 동경에서 비롯된 것이다. 그녀들의 작품은 작품마다 다 다르고 모두 아름다웠다. 밝고 색이 선명한 옷을 남자도 여자도 모두 입었다. 기계로 만든 옷밖에 입어본 적이 없는 나는 이 마을에 와서 정성스럽게 손으로 만든 옷이 이렇게 사람의 마음을 풍요롭게 하는지 처음 알았다.

그녀들이 직접 짠 천은 치마로 허리에 두르거나, 여자들은 가슴에 두르는 경우가 많았다. 원피스처럼 만든 것은 정장용이었다. 그리고 대부분 길고 아름다운 머리카락을 독특한 형태로 묶었다. 남자도 머리에 생화를 꽂아 멋을 낸 사람이 많았다. 우리보다 훨씬 더 패션을 즐기고 있는 점에 감탄했다.

그러나 나중에 마을 소녀들과 얘기하거나 같이 있으면서 느낀 점은, 이 마을 사람들의 미에 대한 개념은 우리와 많이 달랐다. 사실은 이 개념이야말로 노자의 성 개념과도 관련이 있다는 사실을 나중에 알았다.

그녀들은 숲속에서 아름다운 꽃을 보면 양손으로 부드럽게 무언가를 퍼올리듯 천천히 위로 펴면서 살짝 인사를 하면서 손바닥을 자신 쪽으로 향하게 한다. 마치 주문 같았는데 나중에 그 이유를 알게 되었다. 그녀들은 꽃을 보고 아름답다고 느끼는 마음이 생기는 것은, 꽃의 정령의 작용을 자신의 영혼이 느끼기 때문이라고 생각했다.

우리가 꽃을 보고 아름답다고 느끼는 것은 꽃이 아름답기 때문이다. 그러나 왜 그 색을 아름답다고 느끼고, 그 형태를 아름답다고 느끼는 마음이 생기는 걸까, 그 마음의 작용을 실제로 논리적으로 설명하기는 어렵다. 그녀들은 단순히 시각적인 문제만으로 설명할 수 없는 아름다움의 감각의 근원으로서 정령의 존재를 인정한다.

그래서 아름답다고 느끼는 마음이 강하면 강할수록 정령에 대한 감지 능력이 강해진다. 정령들은 인간을 보다 높은 차원으로 이끌고, 보다 아름답게 하는 힘을 갖고 있다. 그녀들은 자신의 영혼이나 육체가 미적 감응을 느낄 때, 그것을 느끼게 해준 정령들과 교신하고 교류한다.

비단 꽃뿐만 아니라, 예를 들면 먼 산들이 자욱한 안개로 신비로운 분위기를 자아낼 때도 산들을 향해 마찬가지로 교신을 하는 것을 가끔 본 적이 있다. 이것이 왜 '성'과 관련이 있는 걸까라고 생각할 것이다. 그 이유를 지식으로서가 아닌 경험을 통해 알게 된 나를 통해서 독자들은 내가 느낀 것과 비슷한 체험을 할 수 있다.

소녀들은 화환을 자주 만든다. 이것도 단순한 놀이나 치장을 위한 것이 아니라 정령들의 가호를 받는 의미이다. 처음에는 나의 인식 부족, 능력 부족으로 그녀들의 행위가 단순히 신앙행위에 지나지 않는다고 생각했다. 그녀들은 우리가 인지할 수 없는 세계를 인지하고, 우리가 이야기할 수 없는 존재와 대화하는 것이라고, 나는 겸허한 마음으로 점점 그녀들을 보게 되었다.

나는 폭포에서 마을 소녀들과 처음 만났을 때 묘한 분위기를 느꼈고 마치 요정이나 천사를 만난 인상을 받았다. 그것은 그녀들의 마음속 세계의 이미지가 우리와는 전혀 다르기 때문이다. 그 마음속 세계가 그녀들의 분위기를 만들고 실제 형태로 나타난 것인지도 모른다. 어쩌면 실제로 그녀들은 꽃의 정령과 함께 있는 것은 아닌가라는 생각도 들었다. 아마 내가 아닌 그 누군가가 그녀들을 보았다해도 그렇게 느꼈을 것이다.

실제로 그녀들은 꽃과 같이 평온하고 꽃과 같이 사람에게 상냥했다. 그녀들은 자신의 빛이 쇠퇴해졌다고 느끼면 먼저 정령의 작용을 하지 않게 만든 자신의 마음의 존재를 돌아본다. 그리고 순수무구한 꽃의 정령들과 교류함으로써 정령 본래의 작용을 되찾으려 한다. 아름다움을 위해 좋은 화장품을 사고, 유행하는 옷과 장신구를 함으로써 자존심을 만족시키는 문명사회의 여성과 비교했을 때, 어느 쪽이 더 질 높은 아름다움일까? 그녀들의 존재 자체가 그것을 증명하고 있었다.

그녀들이 만드는 옷도 사실은 단순한 아름다움을 추구하기 위함이 아니다. 그녀들에게 옷을 만드는 일은 자연의 정령을 직물에 담는 행위를 의미한다. 그녀들은 정령들과 하나가 되고 정령들에게 동요되어 옷에 영혼을 담는다. 그래서 그녀들이 만든 옷은 생동감이 있고 빛이 난다.

옷이 아닌 나뭇잎을 여러 겹 겹쳐 만든 나뭇잎 치마를 몸에 두르고 있는 사람도 있는데, 그것도 마찬가지로 나무 정령이 지켜준다는 의미가 있다. 그러나 그녀들은 그러한 것을 즐기는 것이 분명했다. 특히 나뭇잎 치마는 장난기 가득한 아이들도 만들기를 좋아했다. 자연 그대로의 옷이 이렇게 여성을 매력적이고 쾌활하게 보이게 하는 것에 놀랐다. 그녀들은 여러 가지 자연재료로 팩을 한다. 그래서인지 피부는 모공이 없고 투명하고 아름다웠다. 게다가 이상할 정도로 지적이고 단아한 얼굴을 한 사람이 많다.

집 입구에는 남국의 풍경을 연상케 하는 크고 선명한 꽃이 만발해 있었다. 그 꽃들도 역시 정령을 초대하는 의미가 있다. 마을 일대는 대나무 비로 깨끗하게 청소되어 있었다. 땅 위에 남아 있는 대나무 비의 흔적이 기분 좋게 한다. 집과 집의 배치는 전체적으로 아름답고 편안함이 느껴졌다.

청소는 주로 남자들이 하고 토기 만들기는 직물을 짜는 일과 마찬가지로 여자들이 했다. 그들에게 토기 만들기란 오락이며 예술이고 종교였다. 그들이 문명사회의 도예가는 만들 수 없는 대담함과 강한 힘이 느껴지는 조형감각을 가지게 된 것은 정령과의 교류행위이기 때문이다.

그들의 생활은 어떤 의미에서 모두 예술행위라고 할 수 있다. 그것도 우리들이 말하는 예술과는 다르며, 단순히 아름다움만을 추구하지는 않는다. 그들이 만들어낸 작품 하나하나는 살아있는 것처럼 나의 마음에 말을 걸어온다.

전기가 없기 때문에 7시 반 정도에는 잠자리에 들며, 아침에는 4시 반 정도에 일어난다. 물론 이것은 우리가 생각하는 시간적 개념이고, 그들에게는 그러한 시간적 개념이 없다. 그들은 햇님과 함께 자고 함께 일어나는 것일 뿐이다. 이불 같은 것은 없고, 짚을 깔고 그 위에 천을 덮은 것이 침대이다. 그러한데 의외로 편하고 향기도 좋고 쾌적해서 잠이 잘 왔다.

희미해진 천정을 올려다보며 누웠다. 천정도 평평한 천정이 아니라 지붕 안쪽 면이 훤히 보이는 그러한 천정이다. 그러고 보니 이곳에는 평평한 것과 직선이 없었다. 기둥도 자연 그대로의 소재로 미묘한 곡선을 이루었다. 그러한 천정을 보면서 일본은 집도 마을도 온통 직선이라는 생각이 들었다. 직선이 없는 이 공간이 나에게 편안함을 안겨주었다.

직선이라는 것이 이렇게 인간의 의식에 강한 자극을 주는 것인지 미처 몰랐다. 생각해보니 자연계에 직선이 없듯이 이 마을에도 직선으로 된 것은 하나도 없다. 길조차도 미묘한 곡선이었다. 이는 그들이 시간에 쫓기는 생활을 하지 않기 때문이다. 그들은 시간의 합리성보다도 공간감각의 풍요로움을 우선시하는 것이다. 어쨌든 나는 태고의 집에서 태양과 함께 잠들고 일어나는 생활을 시작했다.

노인은 가끔 나와 함께 저녁에 집 중앙에 있는 화로를 쬐면서 마을에 전해 내려오는 신화에 대해 들려주었다. 그의 이야기는 마치 시와 같은 리듬이 있고 아름다웠다. 이러한 이야기는 보통 할머니, 할아버지들이 아이들에게 해주는 것이었다.

이러한 그들의 집은 정령 인식을 바탕으로 지어진다는 것을 나중에 알았다. 그들은 집을 지을 때 먼저 중심이 되는 기둥과 화로를 만들고, 거기에 정령이 강림하는 의식을 행한다. 그 후 그 주위에 주거 형태를 만든다. '주거'란 그들에게는 정령이 작용하는 장소이며, 자궁과 같은 존재이다. 그래서 주거가 완성되면 거기에 깃드는 정령에게 기도를 올린다. '정령이 사는 공간에 정령의 가짜 모습인 사람도 같이 살게 해준다'는 것이 그들의 건축 개념이다. 이 마을 집들에서 이상하게 편안함을 느끼고 따뜻한 무언가를 느꼈던 것은, 그들이 이러한 생각으로 집을 만들었기 때문이다.

또한 그들의 집은 마치 신축과 같이 새로운 아름다움이 있었다. 이 것은 물리적으로는 주거를 정령이 사는 공간으로 여겨 항상 집을 새롭게 단장하기 때문이다. 그들의 집은 특정 부분을 교체할 수 있는 구조로 되어 있고, 겨울과 여름 전에는 새롭게 단장하는 관습이 있다. 생각해 보면, 생명체가 항상 새로운 세포로 바뀌는 이치와 같다.

이 마을에 온 지 1~2주 만에 의외로 나는 일상생활에 불편하지 않을 정도로 그들의 말을 이해할 수 있게 되었다. 그들의 말은 일본어와 완전히 똑같은 어순이었다. 일본어와 유사한 문법구조를 가진 언어는 별로 없는데, 티베트나 중국 남방지역의 극소수의 민족 언어가 그렇다는 사실을 나중에야 알았다. 언어의 발음은 시대에 따라 변하지만 언어의 구조가 변하는 경우는 거의 없다. 그렇다면 이 마을 사람들은 어쩌면 일본인의 먼 형제일지도 모른다. 어쨌든 그러한 연유로 나는 그들의 말을 빨리 이해할 수 있게 된 것이다.

제5장

서서히 밝혀지는 도의 진실
-성의와 철학을 접목시킨 인간 본연의 도

노자는 차자(借字)를 응용해

하나의 문장에 이중적인 의미를 의도적으로 숨겼다.

첫 번째는 당시 사회가 인정할 수 있는 표면적인 내용,

두 번째는 노골적으로 표현하면

당시의 사회가 받아들이고 이해할 수 없다고

생각한 내용이다.

나는 현재 일본에 살고 있다. 노인을 만난 후 27년이 흘렀지만 신당 안에서 노자의 비밀을 나에게 전수하던 그의 모습은 어제 일처럼 선명하다. 노인에게 〈노자〉 1장을 해독하는 법을 처음 전수 받은 날은 비가 몹시 내렸다.

　이 마을에는 우산을 쓰는 습관이 없어 비가 오는 날은 항상 집안에 있었다. 노인은 아침에는 비가 오지만 저녁에는 괜찮다고 말하면서 신당에 가자고 했다. 우리는 안개 속을 걸어 신당으로 갔다. 노인의 날씨 예측은 빗나간 적이 없다. 신당에 도착해서도 비가 내렸다. 나는 빗소리를 좋아한다. 평화롭고 마음이 차분해지기 때문이다.

　빗소리를 들으면서 노인은 〈노자〉를 펼치고 1장의 비밀에 대해

말하기 시작했다. 〈노자〉 1장의 첫 부분은 다음과 같은 대구(對句)
로 시작한다.

道可道非常道 (도가도비상도)
名可名非常名 (명가명비상명)

그는 말했다.

"그 의미는,
도를 논할 수 있으면 그것은 불변의 도가 아니다.
이름 지을 수 있는 도는 불변의 도가 아니다.
그러나 앞서 말했듯이 그것은 표면적인 의미에 지나지 않는
다."

2,500년 동안 〈노자〉의 첫 부분은 이렇게 이해되고, 이러한 의미
로 전해져왔다. 물론 〈노자〉는 이렇게 해석되도록 쓴 것이고, 노자
의 계산대로 사람들은 그렇게 해석한 것일 뿐이라고, 노인은 말했
다.

"그러나 똑같은 문자를 암호로 사용함으로써 노자는 다음과 같은 내용을 동시에 말하고자 했던 것이네.

사람들이 흔히 하는(할 수 있는) 섹스(의 일체감)는 일시적인 것에 불과하다.

섹스라는 이름으로 알려진 그것은 일시적인 것에 지나지 않으며 불변의 섹스는 그것을 나타낼 이름조차 없다."

일반적으로 알려진 해석과는 너무 달라 독자들은 놀랐을 것이다. 아마 내가 노인에게 처음 들었을 때의 충격과 같을 것이리라. 섹스가 그렇게 진지하게 다루어야 할 소재인가? 하나의 행위에 불과한 것이 아닌가?라고 생각하는 독자들도 많을 것이다. 혹은 그렇게 섹스에 대해 집착하다니 노자는 색정광이 아닌가라고 생각하는 사람도 많을 것이다. 그러나 노자는 성을 통해 사람들이 전혀 알지 못하는 세계에 대해 얘기하고자 한 것이다.

또한 노자는 그 성 안에 있는 '그 무엇'이야말로 일반적으로 해석되는 표면적인 의미인 '진실한 삶의 태도(道)'로 인간을 이끄는 것을 암시한다고, 이중구조를 통해 말하고 있는 것이다. 첫 부분의 이중적 의미를 해독하는 방법을 알면 〈노자〉 전체의 암호를 해독할 수 있다.

그렇다면 어떻게 첫 부분에 숨겨진 암호를 해독할 수 있을까? 그는 나에게 물었다.

"이 문장의 중심이 되는 하나의 문자에 이중적 의미가 숨겨져 있네. 그 문자가 무엇인지 알겠는가?"

나는 대답했다.
"도입니까?"
그가 말했다.

"그렇다네."

그리고 이어 노자의 밀교서의 비밀을 푸는 열쇠에 대해 말해주었다.

"道의 진짜 의미를 알 수 있는 단서는 차자(借字)라네."

그랬구나! 차자란 같은 음의 글자를 빌려 사용한 글자를 말한다. 본래의 의미와 다른 의미를 가진 글자를 음이 같다는 이유로 사용하는 것이다. 당시 중국의 서적에는 차자가 많이 사용되었다. 이것을 노자는 의도적으로 응용해 철학적 의미 속에 밀교적 의미를 숨겨놓은 것이다!

첫 부분뿐만 아니라 〈노자〉에는 애매하고 추상적인 문장이 너무 많다. 그러나 道라는 글자가 어떤 글자의 차자인지 알면 그러한 추상적이고 애매한 의미가 한꺼번에 사라지고, 전혀 다른 명확한 의미의 문장으로 다시 태어난다. 이것은 처음부터 노자가 道를 다른 의미로 사용한 증거이다.

"노자는 차자를 응용해 하나의 문장에 이중적인 의미를 의도적으로 숨겼네.

첫 번째는 당시 사회가 인정할 수 있는 표면적인 내용,

두 번째는 노골적으로 표현하면 당시 사회가 받아들이고 이해할 수 없다고 생각한 내용이지."

노자는 이 두 가지 의미를 통해 자신이 말하고자 하는 의미 전체를 나타내고자 했다. 그렇다면 道라는 문자에 감춰져 있는 본래의 문자는 무엇일까? 단 한 글자로 모든 의미를 바꿔 버리는 문자가 있는 것일까?

빗소리가 들리는 신당에서 노인은 묵을 갈기 시작했다. 그 문자를 붓으로 썼다. 신당 안은 먹을 가는 소리가 일정한 리듬으로 퍼졌다. 아무 말도 하지 않았다. 항상 그랬지만 그의 주변에 퍼지는 정적은 나의 마음속 깊은 곳을 울렸다. 이렇게 장로의 집안은 신당 안에서 선조에서 자손대대로 비밀을 전수해왔다고 생각하면서 그의 벼루를 응시했다.

그는 붓으로 문자를 쓰기 시작했다. 한 번도 본 적이 없는 문자였다. 그는 그 문자를 가리키며 천천히 말했다.

"이것이 본래 문자인 '擣(도)'라네."

그 다음에 노인의 입에서 나온 말은 너무 충격적이었기에 지금도 잊을 수 없다. 그는 이어 말했다.

"이 도는 '찌르다'라는 의미이며, 당시 중국에서 소위 섹스를 의미하는 은어였지. 道를 이러한 의미로 해석하면 〈노자〉는 일반적으로 알려진 의미와는 전혀 다른 의미가 된다네."

잠시 정적이 흘렀다. 단 하나의 암호로 2,500년 동안 그 의미가 봉인되어 있었다니! 노인의 설명은 계속되었다.

"그는 인간의 삶의 태도에 대해 말하려 했었다네. 그러나 그것
은 당시 다른 사상가들이 말하는 인간의 삶의 태도와는 차원이
다른 것이었지. 그는 관념적인 사상도, 도덕적인 규율도 아닌 인
간 존재 그 자체에 뿌리 깊이 연결되어 있는 도에 대해 알고 있
었지.

그 도에 이르면, 인간의 고뇌란 고뇌는 결과적으로 소멸하네.
다른 사람이나 다른 무엇도 상처주지 않는 인간 본연의 모습에
저절로 도달하게 되는 것이지. 그러한 道를 제대로 전달하기 위
해서는 성에 대해 논할 필요가 있었지. 그렇게 생각하던 그의 뇌
리에 하늘은 계시를 준 것이네.

노자는 인간의 삶의 태도를 의미하는 道와 섹스를 의미하는 道
를 이중 표기함으로써 그가 말하고자 하는 진정한 도를 정확하
게 표현할 방법을 생각해낸 것이네. 게다가 성행위에 대한 묘사
라는 것을 알아차릴 수 없도록 한 것이지. 그것이 〈노자〉의 비밀
이네.

그래서 노자는 다른 두 가지 의미를 하나의 문장으로 표현했
지. 같은 문장이 전혀 다른 두 가지 의미로 해석되는 묘한 책.

〈노자〉는 이렇게 탄생한 것이네."

나는 왜 道를 말하기 위해 '성'에 대해 말할 필요가 있는지 아직 확실하게 이해할 수 없었다. 하지만 노자가 道라는 말을 사용한 이유는 이해할 수 있었다. 나의 궁금증을 알아차리기라도 한 듯 노인이 말했다.

"인간은 진정으로 우주와 하나로 연결될 때 육체적인 섹스와는 비교할 수도 없는 시간과 공간을 초월한 절대적인 극도의 행복감을 느낄 수 있다네. 그것은 고대 현자들이 계속 말해온 것과 같은 우주만물과 합일한 경지이지. 이 만물일체감이란 어떤 것인가를, 노자는 섹스의 엑스터시를 힌트로 전달하고자 했네.
　이러한 시간과 공간을 초월한 엑스터시를 섹스를 하지 않고 경험할 수 있는 것, 게다가 끝없이 경험할 수 있는 것, 그것을 노자는 '상도(常道)'라고 표현한 것이네."

"그러나 그것은 단순한 힌트가 아니다"라고 그는 덧붙였다. 빗소리가 한층 강해졌다. 노인은 천천히 일어나 신당 입구로 가더니 나를 불렀다. 우리는 신당 입구 계단에 앉아 비가 내리는 산의 자연과 대면했다. 시원한 공기와 바람을 타고 온 빗방울이 피부에 닿는 것은 참 기분이 좋았다. 특히 남국의 비가 오는 날은 마치 공기로 샤워라도 하는 것처럼 차가운 공기가 상쾌하게 느껴졌다. 내 몸이 느끼는 이 상쾌한 기분은 나무와 풀과 꽃, 이 공간에 있는 모든 존재가 느끼는 상쾌한 기분이라는 생각이 들었다.

그는 자신이 이 비의 공간 중 하나라고 느끼고 있는 것처럼 먼 곳을 바라보면서 무심히 계속 앉아 있었다. 나의 마음도 이 비와 함께 차분하게 가라앉았다. 그 상쾌한 기분은 빗소리에 점점 더 깊어졌고, 끝없는 정적의 세계로 나를 이끌었다. 정신을 차리고 보니 나는 시간을 초월해 이 공간과 동화되어 있는 나 자신을 발견했다. 그 감각이 내가 지금 여기에 존재하고 있다는 존재의 기쁨을 느끼게 해주었다.

노인을 만나기 전에 나는 이러한 공간과 자기자신을 느낀 적이 없었다. 항상 그랬다. 그와 함께 있으면 눈앞에 펼쳐지는 공간 자체가 마치 살아있는 듯한 느낌이 들었다. 그리고 자기자신도 그러한 세계의 일부라는 실감이 행복감과 함께 느껴지는 것이다. 또 무엇을 보아도 사랑스럽다고 할까, 그러한 감동이 자연스럽게 샘솟았다. 그의 존재에 나의 마음이 감화되었기 때문일까?

그의 주변에는 항상 유구한 시간이 흐르고 있다. 그와 같은 사람이 항상 나의 가까이에 있어 준다면 얼마나 행복할까라는 생각이 문득 들었다. 나는 그와 함께 있는 것만으로 정적의 리듬으로 마음을 바로 잡고, 본연의 모습으로 돌아갔다. 단순히 자기자신의 노력으로는 어떻게 할 수 없는 무언가가 그와 있는 것만으로 변한다. 마음의 세계까지도 공간과 함께 정연하게 정돈되어 간다. 그는 인간의 삶의 태도와 인생에 대한 질문에 대해 나의 영혼이 가장 만족하는 대답을 해준다. 그러나 그 이상으로 그가 자아내는 이 정적의 공간이야말로 내가 살아있다는 의미를 가장 깊이 실감하게 한다.

이 정적의 공간 속에서 하나의 멜로디를 연주하듯 그는 말했다.

"풀도 나무도, 이렇게 몸도 마음도 깨끗해지는 것을 기뻐한다네."

그의 말이 엄숙하게 나의 영혼을 울렸다. 이 단 한마디에 나는 여러 가지 감동을 받았다. 그의 말은 지금 내가 여기에서 느낀 그대로였기 때문이었다. 그는 계속 말을 이었다.

"하늘에서 내린 빗물에 의해 나뭇잎은 깨끗해지고 산뜻하게 다시 태어나지. 그들이 이 하늘의 '내림'을 그대로 받아들여 기뻐하는 것은, '시(時)'라는 리듬의 본질을 알고 있기 때문이라네."

그가 말을 마치자 다시 정적이 흘렀다. 그 정적 속에 마지막 말의 리듬이 울려 메아리쳤다. 그렇게 잠깐 정적이 흐른 후 그는 천천히 다시 말했다.

"이 세계는 시(時)라는 리듬에 의해 살아있다네.
道에 도달하기 위해서는 비의 리듬을 느끼고 맑음의 리듬에 기뻐하고, 이 나뭇잎들과 같이, 時라는 리듬의 본질과 닿아, 공간(空間)이라는 노래에 귀를 기울여야 하네."

또 한순간의 공백이 흘렀다. 그는 아무 말도 하지 않았지만 수많은 메시지를 나에게 전달했다. 나는 '時'의 본질이 무엇인지 조금은 알 수 있었다. 잠시 후 그는 화제를 바꿨다.

"인류의 역사도 하나의 리듬이지."

그러고는 더 이상 아무 말도 하지 않았다. 이때 나의 뇌리에는 노자가 떠올랐다. 그가 말하고자 한 道의 의미는 2,500년간 계속 봉인되어 왔다. 동시에 성(性)이라는 것도 감추어진 세계의 것이 되어 햇빛을 보지 못하고 인류의 성(聖)스러운 성(性)은 계속 봉인되어 왔다. 그동안 인류의 역사는 큰 발전과 번영을 이루었다. 그 번영의 이면에는 본질적인 것들이 잊혀져갔고, 일찍이 없었던 불행을 계속 만들어왔다.

자연계에 리듬이 있는 것처럼 인류의 역사도 거대한 리듬으로 존재하고 있는 것일까? 다양한 사상과 종교가 범람하고, 국가와 국가가 존속을 위해 싸우고, 조화와는 거리가 먼 우리 인류가 지금부터 그 리듬을 타고 다시 인간으로서의 원점으로 눈을 돌릴 수 있는 시대를 맞이할 수 있을까? 태고의 인류는 모든 민족이 성(性) 속의 신(神)을 인식하는 보편적인 세계에 있었다. 인류가 공통적인 원점으로 돌아가는 것이야말로 우리 인류가 다시 하나로 조화를 이루는 길이 아닐까? 그것을 실현하기 위한 최대 힌트는 '時'의 리듬의 본질과 통하는 것일지도 모른다.

문득 그러한 생각이 들었다. 노인은 내가 스스로 깨닫기를 바라면서 아무것도 말해주지 않았다. 그러한 적이 여러 번 있었다. 그와 함께 있으면 그 정적의 공간 속에서 지금까지 내가 한 번도 생각하지 않은 사색을 계속하게 되는 것이다. 이 시간과 공간을 초월한 세계에서 우리는 다시 신당으로 돌아왔다. 같은 신당 안이지만 조금 전과는 전혀 다른 차원으로 느껴졌다.

그는 다시 〈노자〉를 펼쳤다. 1장 전체는 이렇게 쓰여 있었다.

道可道非常道 (도가도비상도)

名可名非常名 (명가명비상명)

無名天地之始 (무명천지지시)

有名萬物之母 (유명만물지모)

故常無欲以觀其妙 (고상무욕이관기묘)

常有欲以觀其徼 (상유욕이관기요)

此兩者 同出而異名 (차량자 동출이이명)

同謂之玄 玄之又玄 衆妙之門

(동위지현 현지우현 중묘지문)

이 의미를 노인은 이렇게 해설했다.

사람들이 흔히 행하고, 도라고 말하는 그것은

일시적인 도에 지나지 않는다.

나는 지금부터 영원한 궁극의 도에 대해 말하려 한다.

이 우주를 생성한 것은

그 이름조차 없는 궁극의 도이다.

사람들이 알고 있는 도는 실제와 비슷한 현상에 불과하다.

그래서 욕망적 차원에서 벗어나 도의 진정한 본질을 보는 것이다.

정묘한 극도의 행복의 세계가 그 안에 있다고 하지만

도를 정욕의 대상으로 밖에 생각하지 않는 사람들은

자신이 그린 천한 세계에 계속 속박될 뿐이다.

사람들이 알고 있는 도(성교)는 근원이 보이지 않는 도(성교 세계)

의 일시적인 표현에 지나지 않는다.

당신들은 육체적인 도에도 엄청난 매력을 느끼는데

그보다 몇 배나 심오한 세계를 왜 알려 하지 않는가?

그것이야말로 궁극의 도,

즉, 삼라만상을 초월한 극도의 행복의 영역인 것이다.

· 妙(묘)

  = 정묘한 초월세계

· 徼(요)

  = 천한 현실세계

· 玄(현)

  = 깊은 구멍과 같은 심오한 세계, 눈으로 볼 수 없는 영역

= 보이지 않는 여성의 성기를 암시

· 玄之又玄(현지우현) = 만물을 생성하는 궁극의 보이지 않는
차원

· 衆妙(중묘) = 만물의 근원에 있는 모든 것을 초월한 차원

그의 해설을 듣노라면 이 짧은 문장에서 광활한 우주를 보는 기분
이 든다. 이 짧은 문장에 인류의 모든 문제를 해결할 수 있는 해답이
있다. 암호의 비밀을 들으면서 나는 더 깊이 배우고 싶다는 충동이
들었다. 그가 말한 時의 리듬의 본질도 이 말 속에 해답이 숨겨져 있
는 것은 아닌가라는 생각이 들었다. 노인에게 직접 묻고 싶은 충동
이 마구 들었다. 그러나 아마도 언어를 초월해 노인은 나에게 분명
무언으로 전달했을 것이다.

다시 해설로 돌아가면, 일반적으로 알려져 있는 1장의 표면상의
의미는 다음과 같다.

이것이 도라고 말로 표현할 수 있는 도는 절대적인 도가 아니다.

이 우주는 이름도 없는 작용으로 만들어졌다.

그러나 하나하나의 존재는

그 작용으로 생긴 이름 있는 존재가 만들어냈다.

그렇기 때문에 무욕(無慾)이 되면 그 묘한 작용이 보이게 된다.

욕(欲)이 있는 한, 대립되는 표면적인 세계밖에 보이지 않는다.

이 이름 있는 영역도 이름 없는 영역도,

같은 근원에서 나온 것이지만

이름이 있고 없고의 차이가 있을 뿐이다.

이 가장 깊은 곳에 있는 작용이 만물을 만들어내는 것이다.

위와 같이, 표면상으로는 철학적 추상론에 대해 말하고 있다. 노인의 해설을 바탕으로 내 나름대로 1장을 해석하면 다음과 같다.

먼저 표면상의 의미로 보면, 故常無欲以觀其妙(고상무욕이관기묘), 常有欲以觀其徼(상유욕이관기요)에서 왜 갑자기 욕망의 문제로 화제를 전환하고 있는지 부자연스럽다. 실제로 노자의 역자 중에는 이 부분은 의미가 부자연스럽기 때문에 완전히 무시하는 역자도 있다. 그러한데 道를 다른 의미로 해석하면 의미는 자연스러워진다. 이는 노자가 진짜 의미를 처음에 생각한 후 일반적으로 이해하고 있는 표면적인 의미로 해석할 수 있도록 배려한 증거이다.

첫 문장인 '道可道非常道(도가도비상도) 名可名非常名(명가명비상명)'과 다음에 오는 '無名天地之始(무명천지지시) 有名萬物之母(유명만물지모)'는 역시 연결이 부자연스럽다. 여기서 말하는 무명(無名)이란 문장의 흐름을 보면 분명히 노자가 말하고자 하는 道를 나타낸다. 그러나 일반적인 의미의 道는 '인간 본연의 무위자연의 삶의 태도'이다. 이러한 삶의 태도가 천지를 창조했다고 하는 것은 직관적으로 의미를 추측해 해석한 것이다.

또한 표면적인 의미로는 道可道非常道(도가도비상도), 즉 '도는 논할 수 없다'라고 말하면서 노자는 도에 대해 논하고 있는 모순이 생긴다. 그러나 숨겨져 있는 의미를 알게 되면 이 문장은 단순한 추상론에 지나지 않는다는 것을 알 수 있다.

〈노자〉가 이중으로 의미를 숨겨놓은 원리는 사실 첫 문장에 나와 있다. 道可道非常道(도가도비상도)는 한 문장만으로 의미를 해석하기 어렵고 대조를 이루는 名可名非常名(명가명비상명)과 함께 이해할 때 비로소 진짜 의미를 알 수 있다. 이것은 노자가 자주 사용하는 문장 표기 방법으로 〈노자〉는 대부분 대구(對句)로 이루어져 있다. 대구는 일종의 리듬이며, 〈노자〉에 흐르는 리듬은 우주의 리듬을 장악한 인간의 특징이라고 노인은 말했다. 일단 여기서는 노자의 사고 패턴이라고 이해하자.

음양을 하나로 본 노자의 사고 패턴과 문장표기의 특징을 알면 그가 道라고 하는 차자(借字)와 그 본래의 문자인 '도(擣)'의 의미를 모두 표현하려 했다는 것을 쉽게 알 수 있다. 노자는 시문대구표현과 차자에 의한 암호대구표현을 반복하는 상대 음양에 의해 하나의 개념을 전달하고자 했다. 시(詩)는 산문에 비해 비교적 적은 문자로 많은 정보를 전달할 수 있다. 그러나 〈노자〉는 그러한 표현을 초월한 암호 시에 의해 마르지 않는 샘처럼 짧은 문장에 무한한 비전과 정보를 담았다.

노인에 의하면 산문뿐 아니라 시적 표현도 초월한 독자적인 기호적 우주를 실현하는 표현법 그 자체가 우주의 법칙을 나타내는 것이다. 그렇게 표기된 〈노자〉는 당연히 암호적인 이면적 의미와 표면적 의미가 하나의 의미를 전달하고자 하는 것이다. 그렇기 때문에 〈노자〉를 직역하는 것은 넌센스이다. 1장 전체를 그러한 시점에서 해석하면 다음과 같은 의미가 된다.

이것이 진정한 도라고 말로 표현할 수 없는 도는
결코 불변의 절대적 진리가 아니다.
진정한 불변의 도는
그러한 말로 이해할 수 있는 것이 아니다.
그렇지만 그러한 진정한 도를 누구나 만나는 순간이 있다.
그것은 머리로 생각하는 세계와는 정반대에 존재하는 성의 감각이다.

그러나 이것 또한 진정한 도의 모형에 지나지 않는다.

사람들이 알고 있는 도(성행위와 성행위로 인한 엑스터시)는

진정한 도의 모형에 지나지 않는다.

그 속에 감추어진 불변의 우주의 작용, 그것이 진정한 도이다.

그러므로 이 우주의 본질은 궁극의 기쁨(엑스터시)이다.

이를 알면 〈노자〉에는 道 외의 어구도 문장 전체에서 또 다른 의미를 갖고 있다는 것을 알게 된다. 예를 들면 21장은 다음과 같다.

孔德之容 惟道是從 (공덕지용 유도시종)

道之爲物 惟恍惟惚 (도지위물 유황유홀)

惚兮恍兮 其中有象 (홀혜황혜 기중유상)

恍兮惚兮 其中有物 (황혜홀혜 기중유물)

窈兮冥兮 其中有精 (요혜명혜 기중유정)

첫 부분 '孔德之容 惟道是從(공덕지용 유도시종)'은 나중에 다시 설명한다. 다만 2~5행까지는 황홀(=유황유홀, 엑스터시)한 상태에서 사정하는 것을 묘사하고 있음은 한자를 잘 모르는 사람이 봐도 알 수 있다(3~5행까지는 대구로 하나의 의미를 나타낸다). 표면적인 의미로는

'惟恍惟惚(유황유홀)'은 '종잡을 수 없다'는 의미이다. 이와 같이 〈노자〉에는 이중적인 의미로 해석할 수 있도록 배려한 곳이 많다.

잘 알려진 노자의 문장 중에 '大道廢有仁義(대도가 쇠퇴하자 인의가 생겼다)'라는 부분이 있다. 이러한 성에 대한 묘사가 포함되어 있지 않은 유명 어구도 이중적인 의미가 있다는 사실을 알고 나면 더 깊은 해석이 가능하다. 일반적으로 알려진 의미는,

세상 사람들이 중요시하는 인의(사람으로서의 규율, 도덕, 윤리 등)는 사람으로서 본연의 모습을 잃어버린 까닭에 필요로 하게 된 것이다(따라서 인의는 인간에게 진정한 행복을 줄 수 없다).

대강 이러한 의미이다. 그러나 노자는 그 문장 속에 깊은 의미를 숨겨 놓았다. 이 경우 '대도'도 역시 '큰 우주의 성성(聖惺)'인 대도(이른바 universal sex)를 의미한다.

이 문장도 실제 〈노자〉에는 대구로 구성되어,

大道廢 有仁義 (대도폐 유인의)
智慧出 有大僞 (지혜출 유대위)

(18장)

라고 되어 있다. 노자가 말하고자 했던 의미는 이렇다.

대도(universal sex)는 끝없는 극도의 행복감의 세계를 가져오고, 만물의 근원과의 조화를 가져온다. 만물의 근원과의 조화 없이 사람들이 어떻게 화합할 수 있겠는가? 만물의 근원을 잃어버린 채 머리로만 사람과 사람과의 조화를 생각하는 사람들의 모습은 어리석기 짝이 없다. 사람으로서의 모든 행위는 이 만물의 근원을 잊은 지혜에서 나온 것이다.

노인은 대도에 도달한 상태를 이렇게 설명해주었다.

"문명인은 만물일체감이라고 하지만 이것은 사실 '감정(感)'이라고 할 수 없네. 만물과 도(섹스)가 시작될 때, 실제로 만물과의 사이에는 교류가 일어난다네. 이 교류 상태는 말로 표현할 수 없을 정도로 극도의 행복감을 주지. 따라서 극도의 행복감은 관념적인 '감정(感)'이 아니네. 실제 에너지의 유동이며, 자타 공히 공동(共動)의 변화가 생기는 것이네. 공동의 인지 상태가 극도의 행복감이며 진정한 조화는 이러한 만물의 근원인 공동에서 생기는 것이라네."

노자가 말하는 '대도'는 '사람 본연의 모습' 등의 애매한 추상론이 아니다. 노자는 진정한 만물의 근원에 대해 정확하게 언급했다.

대도는 항상 자연 만물을 유도한다. 그러므로 완전한 조화를 유지하는 것이다. 노인은 노자의 말을 인용해 이렇게 말했다.

"왜 들판의 꽃들이 아름답다고 느끼는지 아는가? 그것은 꽃들이 바람과 소통하고, 다른 꽃들과 소통하며, 만물과 서로 교감하기 때문이지. 그리고 극도의 행복감에 충만해 있기 때문이네.

왜 어린아이가 천진난만한 얼굴로 기뻐하는지 아는가? 어른들처럼 의도한 바가 없고 자연만물과 마찬가지로 유연하고 유동적이기 때문이네. 잘 들어보게나. 기쁨이란 유동이고, 빛남이란 교감이네. 그것은 가장 깊은 감동이지.

만물은 유동하고 서로 교감한다네. 따라서 만물은 기쁨에 충만해 있는 것이네."

載營魄抱一 能無離乎 (재영백포일, 능무리호)
專氣致柔 能嬰兒乎 (전기치유 능영아호)

혼백을 하나로 감싸 안고, 떨어져 나가지 않도록 할 수 있겠는

가. 기에 전심해 더없이 부드러워지므로 갓난아기 같은 상태를
유지할 수 있겠는가.

(10장)

"엑스터시에 달한 여성을 보라.
여성은 온 몸으로 극도의 행복감에 충만해
무(無) 속에서 일체감을 느낀다.
무한한 사랑 속에 있다.
그녀에게는 무심(無心) 속에서 무한한 유동이 일어나고 있다.
이것은 하나의 지표이다.
진정한 도에 달할 때 이것이 상(常)이 된다."

天門開闔 能無雌乎 (천문개합 능위자호)
明白四達 能無爲乎 (명백사달 능무위호)

하늘의 문을 열고 닫음을 여인 같이 할 수 있느냐.
사방을 환히 밝히되 스스로 아는 바가 없을 수 있느냐.
(10장)

그는 계속해서 말했다.

"문명인은 성을 인간의 일부라고 생각하네. 그것은 큰 착각이지. 성은 인간의 일부가 아니라 오히려 인간이 성의 일부이네. 문명인은 성을 생명활동의 일부라고 생각하지. 성은 생명활동의 일부가 아니라 생명활동이 성의 일부에 지나지 않는 것이네. 성은 생명이 만들어낸 것이 아니라 생명 이전부터 존재했던 것이네.

성을 보면 인간을 알 수 있네. 인간의 본질은 성이기 때문이지. 성을 연구하면 우주를 알 수 있네. 우주의 본질은 성이기 때문이지."

그의 말은 마치 시와 같았다. 숲에 들어가면 숲의 나무들과 자신과의 사이에 보이지 않는 道(교감)가 저절로 생긴다. 그러한 모습이 인간 본연의 모습이라고 그는 말한다. 인간은 본래 만물과 대화할 수 있는 존재이며, 그것은 이러한 본래의 성의 차원으로 돌아갔을 때만 실현되는, 숭고한 존재로서의 인간의 모습이며, 우리가 아무리 평화를 주장해도 이러한 차원에서 멀어져 있는 한 평화를 실현하는 것은 불가능하다고, 그는 말한다.

우리는 음성 언어에 의존해 만물과 대화하는 법을 잊어버렸다. 자연계와 부조화를 이루고 있는 현대 인류의 모습이 그 결과이다.

제6장

성(性)스러운 우주
-우주는 성의 황홀경(엑스터시)으로 만들어졌다

성의 황홀경은 인간을 진정한 마음의 우주로 데려가준다.

인간은 더 행복한 감각 속에서 살 수 있으며,

방황하고 있는 사람들의 잠재의식에 불을 켠다.

그것은 보이지 않는 잠재세계의 구원의 손이다.

그것이 바로 <노자>이다.

나는 거의 매일 신당에서 노인에게 조금씩 〈노자〉의 비밀에 대해 배웠다. 노자가 말하는 道는 성을 의미하는 말이다. 그러나 〈노자〉에 암호로 되어 있는 말은 道뿐만이 아니다. 이 道와 대구를 이루고 있는 암호어가 있다. 그것은 바로 '덕(德)'이다.

道는 '성'을 의미하기도 하고 '남성의 성기'를 의미하기도 한다. 한편 德은 '여성의 성기'를 의미하는 차자, 즉 암호어이다. 그렇다면 본래의 문자는 무엇일까? 노인은 역시 붓으로 그 문자를 써서 내게 보여주었다. '竇(두)'라는 문자였다. 그것은 '둥근 구멍'이라는 뜻으로 여성의 성기를 의미하는 당시의 은어였다. 예를 들면 이렇게 사용되었다.

孔德之容 惟道是從 (공덕지용 유도시종)

道之爲物 惟恍惟惚 (도지위물 유황유홀)

惚兮恍兮 其中有象 (홀혜황혜 기중유상)

恍兮惚兮 其中有物 (황혜홀혜 기중유물)

窈兮冥兮 其中有精 (요혜명혜 기중유정)

큰 덕의 형태는 오직 도만을 따른다.

도라는 것은 있는 듯 없는 듯 황홀하다.

황홀하지만 그 안에 형상이 있고

황홀하지만 그 안에 실물이 있다.

깊고 어둡지만 그 안에 영묘한 작용(정)이 있다.

(21장)

표면적인 의미는 다음과 같다.

큰(공) 도를 얻은 자(덕)의 모습(용)은

근원적인 진리(도)만을 따른다.

도는 얻기 힘들어 희미한(유황유홀) 차원에서

형태가 있는 세계를 만들어낸다.

그 깊은 곳(요혜명혜)에서야말로

영묘한 작용(정)이 생기는 것이다.

그러나 숨겨진 의미를 직역하면 다음과 같다.

여성의 성기(덕)의 구멍(공)은 남성의 성기(도)에 따라 달라진다.

남성의 성기를 넣으면 황홀(엑스터시)해지며

모든 것을 맡기게 된다.

정자(정)를 방출하면, 그저 황홀해 그것을 받아들인다.

황홀경을 느낄 때야말로,

깊고 신비한 구멍 속(요혜명혜)에 정액이 방출되는 것이다.

그때부터 우주의 가장 성스러운 차원을 보게 된다. 그것이 바로 다음 문장에 나온다.

其精甚眞 其中有信 (기정심진 기중유신)

自古及今 其名不去 以閱衆甫 (자고급금 기명불거 이열중보)

吾何以知衆甫之狀哉 以此 (오하이지중보지상재 이차)

그 안에는 참된 정기가 있고 그 안에는 신의가 있다.

예부터 지금에 이르기까지 그 이름이 사라지지 않고

만물의 시초가 태어난다.

내가 어떻게 만물의 시초를 알겠는가?

도를 통해 아는 것이다.

(21장)

기만할 수 없는 확실한 창조를 하는

이 성스러운 현상 속에 나는 지고한 진실을 본다.

시대를 초월한 불변의 하늘의 본질이 거기에 있고,

그것은 모든 것을 통치하는 힘이기도 하다.

나에게 어떻게 모든 법칙을 아느냐고 묻는다면

그것은 이 성스러운 작용 속에서 모든 것을 보기 때문이다.

〈노자〉는 표면적인 의미와 이면적인 의미를 합쳐 하나의 의미를 나타내고 있는데, 이 경우도 예외는 아니다. 두 가지 의미로 노자의 진짜 의미를 상세하게 의역하면 다음과 같다.

진정한 덕이 있는 사람은 도에게 모든 것을 내어준 사람이다.

그는 마치 남성에게 모든 것을 내어준 여성과 같다.

여성이 황홀한 쾌감 속에서 정자를 받아들이듯이

극도의 행복감에 빠져 있는 사람은

우주의 본질적인 지혜(정)에 동요되어 그 기쁨에 떨게 된다.

미미한 정자가 실수하지 않고 인체를 만들어 나가듯이

보이지 않는 정(지혜)은

모든 것을(있어야 할 곳에 있도록) 인도한다.

이 정이야말로, 모든 현상을 초월한 영원불변의 본질이다.

나에게 어떻게 모든 법칙을 아느냐고 묻는다면,

그것은 성스러운 정을 초월한

이 성스러운 정에 의함이다.

노인에 의하면 대자연의 동물도 식물도 모두 본질은 '황홀(엑스터시)'에 있다. 그렇기 때문에 우리 인간도 이 '황홀'을 지향할 필요가 있다. 나는 지금까지 믿어 왔던 인생관과는 전혀 차원이 다른 관점에 적지 않은 충격을 받았다. 그는 말했다.

"아름답게 핀 꽃들이 달콤한 꿀을 만들 때, 그녀들이 황홀감을 느끼면서 꿀을 분비하는 것을, 자네는 알겠는가?

꽃을 찾아오는 나비들 또한 황홀감을 느끼며 찾아온다네. 아니 황홀함을 느낄 수 있기 때문에 그들은 그러한 행동을 하는 것이지.

그것은 온몸으로 환희를 표현하는 여성의 엑스터시와 비슷하며, 자유로운 아이의 마음과도 비슷하네. 이러한 황홀한 마음이 있어야만 인간은 새로운 힘과 창조, 무한한 사랑이 넘쳐나네."

그러한데 〈노자〉의 숨겨진 의미를 갑자기 듣게 된다면 고지식한 사람들은 이렇게 말할지도 모르겠다.

"인간의 삶의 태도를 논하는 道가 섹스를 의미한다고? 게다가 인간의 본질이 엑스터시라고? 이러한 부도덕한 사상이 다 있나!"

당시의 사람들도 〈노자〉의 진짜 의미를 말했다면 도덕관에 위배되는 것이라고 비판했을 것이다. 그러나 노자는 그들이 가장 중요시하는 '도덕'이 남성의 성기(道)와 여성의 성기(德)의 합일을 의미하는 것이라고 했다. 이 암호를 사용해 보기 좋게 비꼬고 있는 것이다. 노자는 다음과 같이 말하고 싶은 것이다.

당신들이 주장하는 도덕 따위는 바람 불면 날아가는 얇은 사상에 불과하다. 인간은 보다 더 근원적이고 본질적인 확고한 삶의 태도를 가져야 한다.

그는 아마도 이렇게 중얼거렸을 것이다.

"인간에게 보다 더 근원적이고 본질적인 확고한 삶의 토대는 무
엇인지 아는가?
그것은 당신들이 모른 척하고 있는 것이다.
당신들이 가장 논하기 두려워하는 것이다.
거기에서 모든 것이 시작되는데,
무슨 까닭에 그것을 외면하려 하는가?
당신들이 두려워하는 그 안에 모든 것을 화합시키는 진실이 있
다.
그것을 모르는 진실한 삶의 태도는 성립되지 않는다.
인간 삶의 모든 진실은 이 안에 있는 것이다."

현대 사회는 입신출세를 갈망하고 지위와 권력을 갖기를 원하는
사람들이 너무 많다. 그것은 도시의 교통정체와 같다. 교통정체 속
에서 사고를 당한 사람도 있는가 하면, 운이 좋은 사람은 다른 사람
들보다 앞서 가서 사고를 면한다. 그러나 그들은 공통적으로 '황홀'

과는 거리가 너무 먼 조급한 마음의 세계에 살고 있다. 그리고 그 마음으로 인해 자신과 타인에게 상처를 주면서 살고 있다. 이것은 노자의 시대부터 변하지 않는 사람들의 모습이다.

그러한 권력지향주의의 사람들이 주로 사용하는, 그들에게 있어 사람으로서의 최선을 나타내는 대표적인 말은 '도덕'이며 '덕성'이었다.

〈노자〉는 〈노자도덕경〉이라고도 한다.

이는 〈노자〉는 道와 德에 대해 논하는 책이라고 말해도 좋을 정도로 이 두 가지를 중점적으로 언급한다. 또한 〈노자〉는 전편과 후편으로 나누어져 있고, 전편을 '도경' 후편을 '덕경'이라 한다. 이는 전편이 道로 시작하고 후편이 德으로 시작하기 때문이다. 그리고 전편과 후편을 합쳐 도덕경이라 한다.

세상 사람들이 가장 중요하게 생각하는 이 도덕과 관련된 말로 감히 성교를 나타내도록, 노자는 치밀한 계산으로 암호화해 숨겨 놓았다. 노자도덕경이라는 책 이름도 사실은 '노자 섹스교본'을 의미한다는 훌륭한 유머가 거기에 있다.

당시의 중국 사회는 '도덕'으로 상징되는 윤리사상에 의해 기능이 유지되어 권력자들의 권력이 유지되었다. 공자의 유가사상도 그렇기 때문에 세상에 널리 알려진 것이다. 그러한 권력자들이 좋아하는 말을 노자는 훌륭한 암호로 통쾌하게 비꼰 것이다.

첫째 노자에게 부정적 대상임이 틀림없는 이 말을, 이렇게 사용하는 것 자체가 이상하다는 점을 알아차려야 한다고 노인은 말했다. 노자는 부정적인 이 말을 의도적으로 선택해 진리를 말하고 있는 것이다.

道란 섹스와 남성 성기의 암호이며 德은 여성 성기의 암호, 이 두 가지를 알면 애매모호한 〈노자〉가 무엇을 말하고자 하는지 대부분 알 수 있다. 道란 '고덕(高德)의 중(僧)'이라는 말이 있듯이, 일반적인 의미로는 '도를 득한 자의 성질'이다. 그러나 노자는 이 말의 이면에 성의 비밀을 암호로 숨겨 두었다.

그가 진짜 말하고자 하는 德의 의미는 '남성의 성기를 받아들이는 여성의 성기'이다. 일반인들이 볼 때 '도를 득한 자'와 '남성의 성기를 받아들이는 여성의 성기'는 언뜻 연결이 되지 않을 것이다.

그러나 〈노자〉에서는 두 가지 의미가 하나로 묶여 있다. 그것은 노자에게 도란 우주와의 일체화를 의미하며, 남성과 일시적으로 일체화되는 섹스는 우주와의 일체화를 뜻한다. 이 현상은 동시에 다양한 진리를 암시하고 있다는 것을 깨달았다.

여성의 성기는 혼자서는 생명을 만들 수 없다. 거기에 생명을 불어넣는 것은 남성의 성기이다. 이 원리는 천지의 원리와도 같다. 우

주는 질서 있는 실체이다. 한 치의 흐트러짐도 없는 질서이다. 그에
비해 인간의 두뇌는 생명 하나도 창조할 수 없을 정도로 빈약하다.
우주만물은 이 한 치의 흐트러짐도 없는 지혜를 충실하게 따름으로
써 완전한 조화를 스스로 실현한다. 노자는 남성의 성기(정자)의 작
용을 통해 이 무한한 지혜의 상징을 보았다. 남성의 성기를 따르는
여성의 성기처럼, 우주는 흐트러짐 없는 지혜에 모든 것을 내준다.
이것이 이 우주의 근원이라고 그는 말한다.

'도를 득한 자'란 무엇인지 그에게 묻는다면, 우주처럼 자신의 작
은 의지가 아닌 무한한 지혜를 그대로 수용하는 자라고 할 것이다.
성은 우주 그 자체의 의식의 분신이다. 고로 모든 것은 궁극의 성에
서 나온다. 각각의 세포도, 분자도, 원자도 성에 의해 만들어진다고
노자는 말한다.

전자가 원자핵의 주변을 도는 것도, 원자와 원자의 만남도, 그것
은 일종의 사랑이며 성교이다. 원자는 단순히 움직이고 있는 것이
아니다. 그들은 그것을 즐기고 있다. 기뻐하면서 움직이고 있다. 그
러한 기쁜 미세한 활동의 배경에는 모든 것을 초월해 총괄하는 보
이지 않는 작용, 대도가 숨어 있다. 그것만이 영원의 의식이며 상도
이다.

이러한 우주의 작용을, 그는 德이라는 단 한 글자로 훌륭하게 표

현했다.

"의식의 본질은 황홀이다."

라고 노인은 말한다. 노자가 말하고 있는 것은 그러한 우주의 의
식에 여성의 성기와 같은 자신을 맡긴다는 것이다. 노자는 '현덕(玄
德)'이라는 말도 자주 사용했다. '玄'이란 '속 깊은'이라는 의미이다.
 '속이 깊은 여성의 성기'라는 말로 그는 심오한 우주의 지혜에 흔
들리는 존재를 나타내고, 그것만으로 사람은 극도의 기쁨에 도달하
는 것이라고 말한다.

天門開闔 能無雌乎 (천문개합 능위자호)
明白四達 能無爲乎 (명백사달 능무위호)
生之畜之 生而不有 (생지축지 생이불유)
爲而不恃 長而不宰 (위이불시 장이부재)
是謂玄德 (시위현덕)

하늘의 문을 열고 닫음을 여인 같이 할 수 있느냐,
사방을 환히 밝히되 스스로 아는 바가 없을 수 있느냐.

낳고 기르되, 소유하려 하지 않고

무엇을 하더라도 자신의 공으로 돌리지 않고 자랑하지 않는다.

이것을 현덕이라 한다.

(10장)

성기를 열었다가 닫았다가 하면서

엑스터시에 달한 여성을 보라.

그녀는 몸 전체가 극도의 행복감에 충만해

모든 세계와 하나가 되어

모든 것을 느끼면서도

무엇에도 얽매이지 않는 존재가 된다.

생명은 이러한 가운데 태어난다.

천지와 하나가 된 그녀는

그러한 우리 아이를 진심으로 키우되 소유하지 않는다.

무엇을 하더라도 자신의 공으로 돌리지 않고,

사람에게 흠모 받더라도 뽐내며 으스대지 않는다.

이러한 여성의 모습이야말로 신비한 여성, 즉 '현덕'이다.

우주의 지혜에 흔들리는 존재가 권력자들처럼 자신의 이익을 추구하지 않는 것은 황홀한 여성처럼 극도의 행복감에 충만해 있기 때문이다. 노자가 여성의 성기를 암호로 사용한 문자는 이 德뿐만이 아니다.

'門'도 마찬가지로 여성 성기의 암호이다. 그가 門을 사용할 때, 동시에 그는 대도로 가는 입구를 나타내려 했다. 그는 또한 여성 성기의 암호로 '谷'도 사용했다. 그가 谷을 사용할 때, 동시에 그는 물이 아래로 흐르고, 계곡으로 흘러 들어가는, 큰 수용성에서 생기는 창조성을 나타내려 했다. 道(남성의 성기)를 수용하는 여성의 성기와 같이, 천지만물은 도에 대해 끝없이 수용성을 지닌다. 그 수용성에서 진정한 창조가 생기기 때문이다.

모두 그 이면에는 여성 성기에 대한 착안과, 여성 성기에 대한 신봉이 있다. 그리고 이들을 매개로 그는 남성사회에서 잃어가는 모성원리의 의식을 말하고자 했다.

그는 이렇게 말했다.

谷神不死 (곡신불사)
是謂玄牝 (시위현빈)
玄牝之門 (현빈지문)
是謂天地根 (시위천지근)

綿綿若存 (면면약존)

用之不勤 (용지불근)

牝(빈)=雌(자)

(6장)

큰 계곡에 머무르는 신은 영원의 생명을 가진다.

이는 현빈, 즉 신비한 여성을 일컫는다.

현빈의 문이야말로 천지 근원의 작용이다.

그것은 영원히 모든 것을 만들어낸다.

아무리 작용해도 없어지지 않는다.

知其雄 (지기웅)

守其雌 (수기자)

爲天下谷 (위천하곡)

爲天下谷 (위천하곡)

常德不離 (상덕불리)

復歸嬰兒 (복귀영아)

　상덕 = 상도와 대구를 이루는 말

　영원한 극도의 행복감의 세계

(28장)

남성성(남성 원리)이 무엇인지 먼저 잘 알아야 한다.

그것을 알면 여성성(모성 원리)이

얼마나 하늘에 가까운 것인지 알게 된다.

그것을 체험하게 되면 계곡과 같이 만인을 끌어당기고,

모든 것이 흘러 들어온다.

그렇게 되면, 극도의 행복감 속에서

어린아이와 같이 자연만물의 리듬과 하나가 된다.

이것이 보편적인 德이다.

 노자는 여성성의 신봉자이다. 그러나 그가 남자는 안 좋고 여자는 좋다고 말하는 것이 아니다. 천지의 음양원리를 알기 쉽게 인간의 세계에 빗대 말하고 있는 것이다. 그리고 그러한 자연의 원리를 위배하고, 현대인은 편중된 남성성만으로 이루어진 사회에 살고 있다는 것을 알려주려 한 것이다. 만물은 음양의 상호작용으로 성립된다고 노자는 말한다.

 道生一 (도생일)

一生二 (일생이)

二生三 (이생삼)

三生萬物 (삼생만물)

萬物負陰而抱陽 (만물부음이포양)

(42장)

도는 하나를 만들고,

하나는 음양을 만들고,

음양교합으로 만물을 만든다.

고로 만물은 음을 등지고 양을 안고 있다.

노벨물리학상을 받은 과학자 유카와 히데키(湯川秀樹) 박사도 노자의 음양론을 발상의 토대로 삼았다. 바로 원자구조를 묘사한 것이다. 이 사실은 노자가 말한 21장과 같이, 그 발상을 하게 해준 남녀의 교합 현상이 얼마나 삼라만상의 보편적인 법칙을 정확하게 상징하는가를 나타낸다.

反者道之動 (반자도지동)

弱者道之用 (약자도지용)

天下萬物生於有 (천하만물생어유)

有生於無 (유생어무)

(41장)

(만물은)

딱딱하게 발기된 남성의 성기와 같은

능동적인 작용(양)과

그것을 받아들이는 연약한 여성의 성기와 같은

수용적인 작용(음)의

상반된 상호작용에 의해 생성된다.

인간과 생명에 국한되지 않고

이 세계의 만물은 모두 이러한

상호작용(물체를 생성하는 물체의 작용)에 의해 만들어진다.

그리고 이러한 상호작용을 만든 본질이야말로

상대성을 초월한 형태 없는 작용(궁극의 도)이다.

　노자는 이 음양작용은 대우주의 엑스터시의 결과라고 했다. 그러

므로 우리 인간도 남녀라는 음양으로 성립되는 것이다. 인간은 모두

사랑하는 이성에게 마음을 바치기를 원한다. 그것이 가능하면 얼마나 행복할까? 많은 고난을 경험하면서 인간은 그것을 계속 갈구한다. 이 충동은 어디에서 오는 것일까? 남성뿐만 아니라 사람은 여성역시 갈구한다. 왜 사람들은 사랑을 계속 갈구하는 것일까?

우리는 정말 무엇을 갈구하는 것일까?

노자는 우리가 가장 강하게 원하면서도, 너무 깊고 거대하기 때문에 이해할 수 없는 최대의 대상을 알고 있었다. 너무 거대하기 때문에 볼 수 없는 마음의 우주를, 그는 성이라는 가장 최적의 렌즈로 본 것이다.

많은 사람들이 '사랑'에 대해 말한다. 혹은 사상가나 성직자도 사랑에 대해 자주 언급한다. 그러나 언급하면서도 우리는 그 본질을 명확하게 이해하지 못하고 있다. 심지어는 성에 대해 현대사회에서는 아직 겉으로 드러내 말하는 것을 용납하지 않는다. 그렇지만 노자는 성이라는 렌즈를 통해 사랑이라고 불리는 우주의 본질을 명확하게 지적했다.

모든 사람이 바라고 갈구하는 사랑의 궁극, 그것은 대도, 즉 만물을 생성시키는 극도의 행복감의 파동 영역이다. 그 정체를 모르는 사람들은 찰나의 사랑을 계속 원한다. 일찍이 한 성직자가 "신은 사랑이다"라고 말한, 심오한 영역은 모든 사람이 무의식적으로 갈구하는 것이다. 보통 의식이 그 영역과 합일하지 않는 한 실현할 수 없는 이 궁극의 행복감을 맛보게 해주는 것, 그것이 인간의 성체험이다. 노자는 그것을 인간이 지향해야 할 세계로 가는 구원의 손이며 道라고 명명했다. 그러나 그것은 그러한 지적을 하기 훨씬 전부터 이미 주어진 것이다. 노자는 이미 알고 있었던 것이다.

섹스의 엑스터시는 인류 모두가 체험하는 극도의 행복감이다. 인류에게 유일한 황홀경의 공통어이다. 그는 성의 엑스터시란 우주 그 자체의 맥동(우주 만물의 근원인 성)이 생명에 나타내는 실제와 비슷한 체험이며, 인류가 일시적으로 우주 그 자체를 영위하는 순간이라고 말했다.

단, 성의 엑스터시는 한순간의 흥분으로 끝난다. 그에 비해 스스로 우주를 영위하는 그 자체로 귀일한 만물일체감은 끝없는 황홀경이다. 그것은 성기에 의한 국부적인 엑스터시를 초월한 몸의 모든 세포가 희열을 느끼는 전(全)존재적 엑스터시다.

그는 그 변하지 않는 극도의 행복감의 세계를 알고 있었다. 그리고 인류역사상 최초로 성체험을 통해 그것을 말하고자 했다. 그는 그것을 훌륭한 암호로 봉인하고, 세상의 권력자들에 의해 말살되지 않도록 하는데 성공했다.

〈노자〉에서 성의 묘사는 찾아볼 수 없지만 사실 그 이면에 성의 진리를 이중으로 숨겨놓은 것이다. 그냥 읽었을 때 성의 묘사는 찾아볼 수 없었던 〈노자〉는 사실은 그 이면에 성의 진리를 이중으로 숨겨놓은 것이다.

성의 황홀경은 인간을 진정한 마음의 우주로 데려가 준다. 인간은 틀림없이 더 행복한 감각 속에서 살 수 있다고, 방황하고 있는 사람들의 잠재의식에 불을 켠다. 그것은 보이지 않는 잠재세계의 구원 같은 손이다. 이 성과 인간의 진실한 삶의 태도라는 표리의 관계에 있는 두 가지 의미를 한 가지로 묶어 표기한 훌륭한 기술법, 그 표기 방법 자체가 인간의 무언가를 나타내는 철저한 계산을 통해 쓰여진 책, 그것이 바로 〈노자〉이다.

제7장

성과 인간사회
―성이 본질에서 벗어나 욕망으로 변하는 순간

왜 노자는 성에 이렇게 집착했을까?

성 없이는 인간의 변화도

사회의 변화도 없기 때문이다.

성은 인간의 본질일 뿐만 아니라

사회의 본질이며 우주의 본질이다.

시간이 흐르면 흐를수록 내 안에서 무언가가 씻겨나갔다. 그것은 현대사회에서 축적되어온 더러움 같은 것이었다. 노인은 현대 문명사회에 대해 상당한 지식을 갖고 있었다. 그는 이렇게 말했다.

"나는 짧은 기간이었지만 현대 문명사회를 체험한 적이 있다네. 거기에는 우리 마을에는 없는 불행이 있다는 것도 알고 있지. 그리고 그 불행이 어디에서 온 것인지도 아네.

성은 생명의 원점일 뿐만 아니라 우주 자체의 맥동이지. 이 맥동대로 그것이 작용할 때, 성은 결코 욕망이 되지 않는다네. 우주의 리듬에서 벗어나면 욕망으로 변한다네.

우주의 맥동에서 성을 벗겨내는 것, 그것은 자연의 리듬에 위배된 사회의 모습이지. 현대인의 성 표현이나 성욕은 현재의 부조화 사회 기능과 직결된 문제라네. 사회기능과 관념은 차의 양 바퀴와 같지. 관념이 사회기능의 형태를 만들고, 사회기능이 또한 사람들의 관념의 형태를 만든다네.

마찬가지로 관념과 성도 차의 양 바퀴와 같다네. 성에 관한 잠재의식은 그대로 그 사람의 관념 전체를 만들지. 그리고 또한 관념이 성의 모습을 결정짓는다네. 이렇게 사회 시스템과 성도, 차의 양 바퀴와 같은 관계이지. 한쪽이 변하면 반드시 다른 한쪽도 변하게 되어 있다네."

그는 덧붙여 말했다.

"봉건사회가 붕괴하고 새로운 사회로 전환되려고 했던 시대에 민중의 혁명적 활동보다도 먼저 발생한 현상이 있네. 그것은 성 관념, 성 관습의 변화이지. 그것은 기능적 사회변화보다도 먼저 일어났다네. 봉건적 성의 스타일이 먼저 붕괴하고 진보적이라고 불리는 사람들의 일부가 새로운 남녀관계를 추구하기 시작했지. 이는 모든 것의 변화의 시초라네. 그리고 곧이어 사람들은 봉건

사회의 시스템 그 자체에 불만을 품기 시작했다네. 즉 관념이 변하고 기능이 실제적 변화를 가져왔다네.

왜 노자가 성에 이렇게 집착하는지 아는가? 성 없이는 인간의 변화도, 사회의 변화도 없기 때문이라네. 성은 인간의 본질일 뿐만 아니라 사회의 본질이며 우주의 본질이라네."

유대교의 성전 〈탈무드〉에는 "성행위 모습으로 그 사람이 어떤 사람인지 모두 알 수 있다"고 쓰여 있다. 나는 왜 종교 교전에 그러한 말이 쓰여 있는지 짐작도 할 수 없었다. 그러나 노인을 만난 후 그 말의 심오한 뜻을 이해하게 되었다.

그 사회 사람들의 성의 모습으로 그 사회가 어떤 사회인지 모두 알 수 있다.

나는 노인을 알면 알수록 신비한 인물이라는 생각이 들었다. 나는 일본에 있을 때, 인간이란 무엇인가에 대해 근본적으로 알고 싶었다. 하지만 학교에서는 가르쳐주지 않기 때문에 다양한 사고와 종교, 심리학을 통해 독학으로 공부를 했다. 그러나 일본의 전문가와 서적을 통해서도 개운하게 해결하지 못했던 무언가를 나는 그를 통해 알게 되었다.

그러던 어느 날, 노인은 이 마을의 비밀에 대해 드디어 말해주었다.

"우리 집안에는 노자에 대해 이러한 말이 전해오고 있네."

그것은 의외의 말이었다.

수천 년도 전의 일이다. 소수민족과 사이가 좋았던 중국 남방의 한 마을의 족장이 소수민족 장로의 딸과 결혼했다. 그 사이에서 태어난 아이가 후세에 노자라고 불리는 사람이라는 것이다. 그래서 노자는 당시 중국의 문화와 소수민족의 문화를 모두 접하고 자랐다.

노자는 그러한 성장과정에서 점점 소수민족의 문화에서 영혼의 고향을 느꼈다. 당시 중심지였던 낙양(洛陽)에 살면서 중국 사회의 부정을 알게 된 노자는 소수민족 문화의 가치를 재인식하게 되었다. 원래 사색을 좋아하던 노자는 모친과 함께 소수민족과 살면서 존경을 받았고 장로가 되었다. 그 후 노자는 자손의 미래를 위해 원주민 본래의 문화를 계속 지키도록, 전해야 할 진수를 책으로 엮었다.

운남성은 지금도 소수민족이 많은 지역이다. 예전에는 거의 그들의 세계였을 것이다. 〈노자〉가 소수민족의 문화를 바탕으로 만들어진 것도 수긍할 수 있었다. 노자는 자신의 자손뿐 아니라 모든 인류에게 인류의 영혼의 고향이기도 한 문화를 소생시키고 싶었던 것이다.

노자는 가끔 중국 사회의 소수의 깨어 있는 사람들의 요청으로 강의를 하기도 했다. 중국에서는 이문화를 전파하는 인물이었던 것이다. 현재 세계적으로 알려진 〈노자〉는 나중에 노자의 진짜 의미를 모르는 한민족의 도가(道家) 사상가들에 의해 덧붙여진 문장이 많이 포함되어 있다. 문체의 센스가 〈노자〉와 다르다고 노인은 말한다. 노인의 마을에 전해지는 〈노자〉는 현재의 〈노자〉의 1/3 정도의 분량이지만 이것이 원본이다.

나는 이 체험을 하고 20년 후에 태국의 원주민 마을을 방문한 적이 있다. 원주민은 운남성과 가까운 거리에 사는 부족으로, 이 마을과 공통적인 부분도 많고 미인도 많았다. 그러나 정글 안에 숨어 지내는 그들의 작은 마을에서 놀란 것은 작은 오두막집 같은 '학교'가 있었던 것이다.

태국 정부가 만든 학교에서 태국어를 가르치고 있어 아이들은 점점 태국어로 말할 수 있게 되었다. 그러다 보면 원주민도 자신의 언어를 잃어버리고 태국 국민이 될 것이다. 이것은 전세계에서 일어나는 현상 중 하나이다. 원주민 문화에서 가치를 찾으려는 문명인도 있지만 그들의 문화는 사라져가고 있다. 그들의 문화와 정부가 만났을 때 이기는 것은 언제나 정부이고 그들은 국민으로 흡수되어 버린다.

그러나 노인의 마을에서는 그와는 반대의 일이 일어났다. 노인의 말에 의하면 내가 처음에 친구에게 안내 받은 산속 마을 사람들은 옛날에 노자를 흠모한 중국인(한민족)들의 자손으로, 노자를 흠모해서이기도 했지만 문명화에서 도망치기 위해 산으로 오게 되었다. 이는 기적과도 같은 일이다.

한민족 사이에서 노자의 사상을 중심으로 한 종교를 도교라 한다. 그러나 이 한민족의 일반적인 도교는 노자 이전부터 민간신앙과 노자 이후의 신앙도 받아들인 민간신앙이다. 반면 저 산속 마을은 순수하게 노자의 사상을 지켜온 유일한 마을로 알려져 있다.

노자의 사상은 비정부주의에 가깝다. 당시 중국은 문명이 발달해 국가의 지배력이 강해진 시대였다. 국가는 사람들을 자신의 경제수단으로 삼고 전쟁을 위해 전력을 다했다. 그러한 가운데 고대 사람들의 인간관계를 잃고 문화는 사라져갔다. 남은 것은 국가의 기능에 점령된 인간의 모습이다. 그러한 사태를 간파한 노자는 그를 흠모하는 사람들이 마을 가까이에 살도록 허락한 것이다.

그 산속 마을과 이 마을을 왕래하며 존경 받아온 노인은 노자의 재현이었다.

제8장

인간의 모든 것을 결정짓는 성

-영원한 행복으로 이끄는 참다운 도

성이란 본래, 외설은커녕

오히려 그 정반대의 것이다.

인간이 필요로 하는 모든 것에

도달하려는 작용이 거기에 있다.

인간이라는 틀을 초월하고

또한 생명이라는 틀을 초월한 그곳에

우주의 궁극이 있다.

노인과 이야기하면 할수록 나는 진정한 나에게 다가가는 것을 느낄 수 있었다. 그리고 진정한 나와 가까워질수록 노자의 진리에도 다가갔다. 노자를 알면 알수록 이 마을이 얼마나 이상적인가 하는 것을 실감했다.

　내가 이 마을에 왔을 때부터 계속 신경이 쓰였던 것이 있었다. 그 중에는 아직 언급하지 않은 것이 있다. 그것은 성기(性器) 신앙이라는 습관이다. 이 마을에서는 집의 입구를 여성의 성기라고 보는 인식이 있다. 집의 입구에 여성의 성기 모양을 한 나무를 놓아둔 집도 있고, 꽃의 정령에게 똑같은 모습으로 매일 아침, 저녁 인사(기도)를 하기도 한다. 그리고 모든 집에 남성의 성기를 본뜬 것(혹은 화로가 대신하는 집도 있다)이 정령의 상징으로 집의 중심에 놓여 있다.

만약 우리가 집에 이러한 상징을 놓아둔다면 외설스럽다는 의미로 받아들여 창피하게 여기고 눈을 돌릴 것이다. 이들이 공공장소는 물론이고 가장 신성한 곳에 이러한 성의 상징을 놓아두는 것은 성을 전혀 외설로 생각하지 않는다는 증거이다. 이들은 성을 우리들이 인식하는 것과는 완전히 다르게 받아들이고 느낀다.

노인은 이렇게 말했다.

"어린이는 누구나 자신을 지켜주는 어머니나 아버지를 신처럼 여기지.

신처럼 느끼는 어머니를 향한 마음은, 사실 신 '처럼'이 아니라 신 그 자체를 인식하는 의식에서 비롯되네. 어머니라는 존재를 의식하고 있을 때 동시에 그 의식은 이 우주의 모성 그 자체를 직관적으로 느끼고 있네.

이 우주의 모성은 우리가 느끼는 것보다 훨씬 더 광대하고 심원한 작용이지. 그것에 끝은 없네. 부성도 마찬가지네. 얼마나 이 모성과 부성을 인식하고 있는가 하는 것은, 영혼이 그것들로부터 얼마나 많은 도움을 받았나 하는 것과 동등하네. 어린이가 아버지나 어머니를 닮는 것처럼 자신이 갖고 있는 성스러운 성에 대한 이미지는 그대로 그 사람을 만드는 그릇이 되네. 우리가 남성의 성기나 여성 성기의 상징을 항상 눈에 보이는 곳에 두는 이유는 그것 때문이지. 우리는 사람들이 신이라고 하는, 그 인식보다도 훨씬 거대한 세계를 그 안에서 보는 것이네.

모성과 부성의 본질은 상도이네. 중요한 것은 그대 안에도 그러한 변하지 않는 성스러운 성이 잠들어 있다는 점이지. 그대 안에는 성스러운 모성도, 성스러운 부성도 내재되어 있네. 사실 그대는 그러한 성스러운 성 그 자체이기도 하지. 그리고 그대가 그러한 존재가 되어 다른 한 명의 비슷한 존재와 만났을 때 그것이 바로 우주가 본래 의도한 남녀의 만남이네. 이를 잘 기억해 두게."

이러한 이야기를 들으면서 나는 이 마을이 노자의 이상을 실현하고 있다는 것을 깨닫기 시작했다. 노자가 암호로 나타낸 세계를 그대로 실현하고 있는 마을이었다. 하지만 그렇게 생각하자 문득 이러한 생각이 떠올랐다. 놀랍게도, 일본에는 이와 상당히 비슷한 마을이 메이지시대 이전까지 존재하고 있었다.

고후(甲府) 지역을 비롯한 일본 각지에서는 성기를 본뜬 물건을 신의 상징으로 여기고, 각 가정에서 모셨다. 이는 절이나 신사의 역사

보다 훨씬 더 오래되었고, 죠몬(繩文)시대 이전의 신앙의 원점이었다.

하지만 일본에서 발생한 서양식 국가의 시초인 메이지 정부에 의해 이러한 신앙은 야만적인 풍습으로 여겨져 금기되었다. 수천 년, 아니 수만 년에 이르던 전통의 계승이 이때 맥이 끊겨 흔적도 없이 사라진 것이다. 나 역시 이러한 옛날 문화를 알고는 있었으나 부끄럽게도 원시적인 미신 정도로 여겼다. 하지만 이 마을에 와서 살아 있는 문화를 접하고, 그 인식의 깊이에 압도되고 나니 선입견이 얼마나 한심한 것이었는지 깨달을 수 있었다. 나는 현재 그러한 문화가 남아 있는 귀중한 유산을 찾아내고, 사진을 모으고 있다.

내가 이 마을에 처음 왔을 때 노인은 이러한 질문을 했다.

"어떤 사회가, 인간 본래의 행복을 만끽할 수 있는 사회인지 아닌지를 알 수 있는 기준이 있는데, 그것이 무엇이라 생각하는가?"

나는 예상치 못한 질문에 당황했다. 그는 뒤이어 이렇게 말했다.

"그것은 성이라는 것에 대해, 그것을 수용하는 사회인가, 아니면 대립하는 사회인가 하는 것이네.

문명사회에 사는 사람들은 성이란 외설스러운 것이라고 생각하지. 가능하면 드러내놓고 말하고 싶지 않은 것, 말로 하면 품위가 떨어지는 것이라고 생각하네. 그리고 그것을 억압의 대상으로 삼으며, 인간에게 성욕은 귀찮은 것이라고 여기지. 이 성욕을 억누르고, 그것에 대해 말하지 않는 것이 인간다운 것이라고 생각하네.

사람들은 잊고 있겠지만 성이란 원래 외설은커녕 오히려 그 정반대의 것이네. 그것을 외설스러운 것으로 만들어버린 것은 사회에 나타난 지배자 때문이며, 그 지배자의 권위 때문이지. 그리고 그렇게 나타난 권위자가 만든 선악의 관념이 되어 버렸네. 있는 그대로 그것을 보면 거기에는 사람들이 필요로 하는 모든 것이 있네. 성은 생명의 근원이며, 자연이 준 은혜의 중심에 있는 것이네. 인간이 필요로 하는 모든 것에 이르게 하는 움직임이 바로 거기에 있는 것이지. 인간이라는 범위를 넘어서고, 나아가 생명이라는 범위를 넘어선 우주의 끝이 거기에 있네. 인간은 이 진정한 성을 통해서만 영원한 행복에 이를 수 있네."

자연과 조화를 이루고, 모든 사람이 인간 본래의 행복을 누릴 수 있도록 하는 결정권을 쥐고 있는 것이 '성'이다. 그러나 지배자들이 성 신앙을 철저히 파괴한 것은 그들의 입장에서는 현명한 책략이었다. 현대사회는 왜 성을 인정하려 하지 않는 것일까.

현대 상업사회에서도 성의 역할은 매우 크다. 서점에 진열된 극히 평범한 잡지들도 대부분 직접, 혹은 간접적으로 성적 호기심을 자극한다. 미용이나 패션조차도 성 의식과 관련이 있다. 성 의식이 왜곡되면 왜곡될수록, 억압되면 억압될수록 성에 대한 관심은 더 커지기 마련이다.

성에 대해 개방적인 사회에서는 성을 맹목적으로 원하지 않는다. 그렇게 되면 모든 산업이 정체된다. 실제로 평균소득 이상을 버는 독신 남성의 급여 중에서 생활에 꼭 필요한 소비를 제외한 돈의 반 이상은 성이나 성에 관한 대상에 소비된다는 통계도 있다. 여성의 연애 대상이나 꾸미고자 하는 욕구를 성 의식의 범주에 넣으면 그 비율은 훨씬 더 높아진다.

상업사회와 권위사회의 지배자들은, 어떤 시대든 성의 억압을 중시했다. "이 누드 사진의 성기 부분은 모자이크 처리하세요. 그러면 판매해도 됩니다." 그렇다면 왜 모든 누드를 금지하지 않는가. 인정할 거라면 왜 전부를 인정하지 않는가. 생명이 있는 것들의 가장 장엄한 부분을 왜 경멸할까. 왜 본연의 모습으로 있는 것이 죄가 되는 것일까.

이렇게 해서 인간의 욕망은 결과적으로 커져만 간다. 심리학자인 프로이드는 모든 인간 충동의 근본에는 성욕이 있다고 했다. 이는 하나의 진실을 담고 있다. 노자도, 제1장의 서두에 '욕(欲)'에 대한 문제에 착안함으로써 인간의 욕망 심리가 밑바닥에 갇힌 성 의식과 연관되어 있다고 암시한다.

욕망이 커진 인간은 여러 가지 물질을 원하면서 행복을 얻으려 한다. 신이 주신 있는 그대로의 행복은 보지 않고 왜곡된 방법으로 욕망의 크기만큼 물질을 원한다. 그러한데 이러한 활동이 경제를 활성화시킨다. 욕망이 사람을 움직이게 하고, 욕망이 사회를 움직이는 것이다. 욕망이야말로 사회의 중심 원리인 것이다. 봉건사회의 성립 원리가 윤리에 있는 것처럼 현대사회의 성립 원리는 욕망의 관념에 있다. 하지만 그렇기 때문에 그 속에는 자연 그대로의 세계를 갉아 먹으며, 더 많은 사람이 부를 원하고 권력을 원하며, 서로 싸우게 된다. 아무리 원하고 갈구해도 만족할 줄 모르는 욕망은 멈출 줄 모르고, 왜곡된 방법은 더 거대한 왜곡된 사회를 만든다. 현대사회의 비극이다.

성을 직시함으로써 인간의 신성을 이끌어내는 마을 사람들과 성 의식을 빌미로 욕망을 채우는 우리들의 사회. 같은 성이라는 본질을 두고 욕망으로 혹은 숭고함으로 보는 전혀 다른 대조적인 시각을 엿볼 수 있다.

이 마을 사람들에게는 벗은 몸을 부끄러워하는 관념이 없다. 어릴 때부터 성을 신성시하는 어른들의 모습을 보고 자랐기 때문이다. 처음에 나는 강에서 전라로 목욕을 하는 여자들을 만났을 때 어찌할 바를 몰랐다. 그때 여자들은 전혀 놀라거나 부끄러워 하지 않는다는 것에 더 놀랐다. 강에서 남녀가 함께 목욕을 하기도 한다. 또 더울 때는 전라로 생활하기도 한다.

그뿐인가, 그들에게는 성행위를 부끄럽게 여기는 관습조차 없었다. 인도의 일부 원주민 부족이 성행위를 사람들 앞에서 한다는 것은 책에서 읽은 적이 있었는데, 실제로 눈앞에서 본 것은 처음이었다. 몇 번이나 그 장면을 목격했는데 우리 문명인의 섹스와는 완전히 다른 것이어서 놀랐다. 그들은 우리들처럼 사정지상주의의 섹스관과는 전혀 다른 성 관념을 갖고 있었다. 그것이 성에 대한 신성한 개념에서 나온 것은 그 행위를 보면 알 수 있다.

이 마을의 아이들은 이러한 모습을 당연하다고 생각하면서 자란다. 성기와 성 그 자체를 경외할 대상이라고 생각하는 어른들을 보고 자란 아이들은 자연 속에서 가장 이상적인 성교육을 받고 있다.

그러나 그렇게 생각하면서도 그들을 이해하면 할수록 그 생각은 적절하지 않다고 부정하게 되었다. 성교육은 문명사회의 가치관에 젖은 불손한 인식이라는 것을 알았다. 왜냐하면 가르친다는 개념 자체가 그들 입장에서 보면 성스러운 성이 아닌 자신을 상위에 놓고 생각해서는 안 되는 개념이기 때문이다. 그들의 마음은 '가르친다'라는 주제 넘는 생각은 해본 적도 없고 본보기가 되어야 한다는 의식조차 없으며, 단지 신과 같은 성스러운 성과 마주본다. 그러나 그 겸허한 성에 대한 자세야말로 우리가 알 수 없을 만큼 자유롭고 신을 보는 것과 같이 온화한 아이들을 길러낸다. 그들의 모습은 문명사회의 어린이들과 청소년들이 얼마나 병들어 있는가를 자각시켜 준다.

그러한 가운데 나의 성 의식도 점점 변해갔다. 성적 욕구의 대상으로 여자를 보는 것이 문명의 나라에서는 당연하지만 이 마을 사람들의 의식에 동화되면서 그러한 인식은 나도 모르게 머릿속에서 사라졌다. 강에서 목욕을 하는 긴 머리의 여성들의 모습이 대자연의 경관과 하나가 되어 너무 아름답다고 생각하면서 나는 예전과는 다른 감각으로 그녀들을 보고 있는 자신을 발견했다.

제9장

성 에너지와 성스러운 섹스

-대자연이 연주하는 멜로디의 기쁨

인체를 꿰뚫는 중심축을 긋는 '도의 줄기'라 불렀다.

인간뿐만 아니라 모든 존재의 중심에 있고

성 중추라고도 불리는 것이다.

성 중추에 흐르는 정기의 양과

후광의 빛은 비례하며,

그것은 동시에 무언의 메시지를 발신한다.

이 마을에 오고 나서 자연을 산책하는 것도 즐거움 중 하나가 되었다. 마을에서 1km 정도 떨어진 곳에 크고 훌륭한 대나무 군생 지역이 있다. 산을 둘러싼 2km에 걸쳐 무수한 대나무가 하늘을 향해 뻗어 있다. 남국을 연상케 하는 자연도 좋지만 동양적인 신비로움을 느낄 수 있는 대나무숲은 그 이상으로 더할 나위 없이 매력적이었다.

이 대나무숲 지대에 있는 작고 높은 산을 조금 내려간 곳에 직경 20m 정도의 넓은 터가 있었다. 여기는 대나무숲에 둘러싸여 시원하고, 자연이 만들어 준 집과 같은 아늑함이 느껴져 마음에 든 장소였다.

내가 마음에 든 이 '대나무숲의 집'에 가려고 좁은 길을 걸어갈 때였다. 무언가 독특한 기운을 느꼈다. 이 마을에서 생활하는 동안 나는 이러한 느낌들에 민감해져 있었다. 이때도 가까워질수록 느껴졌다.

대나무숲의 집에 가까워지자 역시 그곳에도 사람이 있었다. 20대 후반의 남자였다. 전라에 가까운 모습으로 한 손은 위로 들어 올리고 다른 손은 등 뒤로 돌리고 몸을 나선 모양으로 비틀어 뒤를 보는 자세로 멈춰 있었다. 비틀어진 등은 무언가 강한 기운의 흐름을 느끼게 했다. 대나무숲에 둘러싸인 공간이 평소와는 다르게 느껴졌다. 이것은 대체 무엇일까?

나는 그의 행동의 의미를 알고 싶었다. 그는 마을에서 한번 만난 적이 있는 사람이었다. 평소에는 평범한 생활을 하는 사람 중의 한 사람에 불과했다. 그러나 지금 눈앞에 있는 그는 신비로운 배경과 어우러져 인간을 초월한 존재처럼 내 눈에 비춰졌다. 마을 사람들은 가끔 정령과의 교신 이외에도 체조나 기도를 했다. 달리 표현할 말이 없으니 체조라고 말할 수밖에 없는데, 우리들이 생각하는 체조와는 전혀 다르다.

예를 들면 위쪽으로 손을 올리고 손바닥을 하늘을 향한 채 몇 분이나 멈춰 있다. 마치 명상에 잠긴 것처럼 보이는데 특히 아침에 해가 뜰 무렵에 그러한 광경을 자주 볼 수 있다. 그 광경을 본 첫 느낌은 우리들이 하는 기도와는 전혀 다른 차원의 것이다.

마을 사람들은 이것을 '야마'라고 부른다. 옛날부터 전해 내려오는 것이라고 노인이 가르쳐주었다. 정적인 움직임과 정지된 채로 있는 경우가 많다. 앞으로 구부린 자세에서 숨을 뱉으면서 한 손을 하늘로 쭉 뻗는 격렬한 동작도 있다. 그의 말로는, 야마는 본질적으로 정령으로서의 자기자신을 활성화시키는 행위를 의미한다.

그의 설명에 의하면, 정령으로서의 자기자신이란 성 에너지를 의미한다. 야마를 일상적으로 하는 이 마을 여성들이 모두 매력적인 것은 성적 에너지가 성적 매력을 가져오고, 그것을 나이가 들어서도 계속 유지하기 때문이다.

우리들 문명인은 원주민 문화를 뒤처진 문화라고 폄하하는 경향이 있는데, 이처럼 내가 알지 못하는 문화를 만날 때마다 나는 그러한 생각이 오만한 편견에 지나지 않는다는 것을 깨닫는다. 그 전형적인 예가 야마를 알게 된 것이다.

노인은 역사적으로 이 마을의 선조가 인도 원주민과 관계가 있을 것이라고 말했다. 그러고 보니 야마는 요가와 비슷하다. 요가는 현재 인도인(아리아인)이 만든 것이 아니라 원래 인도의 원주민인 드라비다인이 하던 것이다. 논리적 사고가 뛰어난 아리아인들은 나중에 그것을 자신의 문화로 체계화했다. 드라비다인들은 수백 개의 부족으로 나누어 생활했고, 각각의 소수민족들이 각각 이러한 신체문화를 유지해오고 있었다. 그들은 인류 최초의 문명이라 일컬어지는 수메르 문명의 기원이 되었다. 또한 인더스 문명을 구축하고 인더스 문명 소멸 후 자손은 동쪽으로 이동했다. 아마 야마는 아리아인의 영향을 받기 전의 요가에 가까운 것이며, 그 기원은 수메르인지도 모른다.

(나중에 안 사실인데, 요가만큼 체계적이지는 않더라도 요가와 유사한 신체문화는 서아시아에서부터 동아시아에 걸쳐 원주민 사이에서 널리 볼 수 있었다. 이 민족들의 공통점은 그들이 사용하는 언어가 명사 뒤에 조사를 수반하는 일본어와 똑같은 방식의 언어라는 점이다.)

그들과 그녀들이 정적이 흐르는 가운데 야마를 하고 있을 때의 모습은 인간이 이 세상의 최고의 예술작품이라는 생각이 든다. 이는 그들의 말로 표현하면 정령으로서의 인간이 그 본래를 나타내는 아름다움이다.

대나무숲에는 야마를 하기 좋은 장소가 또 있었다. 혼자 하는 것과 여러 명이 모여서 하는 것은 의미가 다르다. 혼자 자연 속에서 하는 경우는 대자연의 정기를 받는데 효과적이다.

눈앞에 펼쳐진 모습은 대나무 공주(헤이안(平安)시대의 문학 작품인

타케토리 모노가타리(竹取物語)의 여주인공)의 무대로 삼아도 좋을 것 같았다. 수직으로 뻗은 아름다운 대나무숲을 배경으로 신비로운 느낌이었다. 정지해 있는데도 그의 몸은 생동감이 있고 에너지의 흐름을 느끼게 했다. 등을 따라 보이지 않는 수직의 에너지 흐름과 대나무숲의 정경이 멋있게 조화를 이루었다.

노인의 말에 의하면, 이러한 자연계의 이종의 존재와의 의식 교감이 인간의 근본적인 의식 영역을 확대시켜준다. 남녀가 서로 진정한 사랑을 할 때, 사람은 이성과의 사이에서 극도의 행복한 교감을 체험한다. 그러한 의식 교감은 모든 존재와의 사이에서 가능한데, 그 대상이 다른 성질의 것일수록 행복의 영역은 보다 보편적이고 보다 심오하고 본질적인 것이다.

우리가 육체적 능력과 지적 능력을 진보시키려 하는 반면 그들은 근본적인 의식 자체의 진보에 눈을 돌린 문화이다. 그들의 독특하고 위엄 있는 분위기와 빛나는 아름다움과 표정은 이러한 생활을 해온 결과물이다.

대나무숲에서는 여성이 옷을 걸치지 않고 야마를 하는 모습도 가끔 볼 수 있다. 그녀들의 모습을 보고 있으면 숲의 초목과 대나무들과의 무언의 교류를 넋을 잃고 바라보는 것처럼 보였다. 이럴 때 하늘에서 새가 날아와 천천히 선회하는 경우가 많았다. 이것이 우연이라 생각했는데 노인은 축복의 사인이라고 가르쳐주었다. 성 에너지가 활성화되고 하늘까지 보이지 않는 에너지 스핀이 형성되면 새들이 이러한 사인을 보낸다고 한다. 믿기 어려운 얘기지만 내가 본 바로는 사실이다.

모든 여성들은 눈이 휘둥그레질 정도로 몸이 유연했다. 아이들도 이 광장에 모여 마치 곡예사처럼 앞구르기와 뒤구르기를 하면서 즐거워했다. 마을 소녀들에게 배운 야마 중에 가장 인상 깊었던 것은, 그녀들은 몸의 어떤 부위를 늘릴 때, 늘린 부분이 정령이 나타나는 곳이 된다고 생각하는 점이었다.

야마의 모든 형태는 몸의 어떤 부위에 정령이 나타나는 장소를 만들어주기 위한 것이라고 그녀들은 말한다. 예를 들면 앞으로 구부리는 자세가 있는데, 이때 그녀들은 우리들이 인식할 수 없는 몸의 체조를 하고 있는 것이다. 관절을 구부리기 위해서가 아닌, 발 전체의 안쪽과 등 뒤쪽을 늘림으로써 거기에 자연계의 정령이 나타나도록 하는 것이다. 그녀들이 말하는 정령은 자연계의 에너지이자 지혜이며, 보이지 않는 신의 작용이기도 하다.

그녀들은 정령과 성 에너지를 동일시한다. 성 에너지가 성기라는 제한된 부분에 작용하는 것이라고 생각하지 않는다. 그녀들에게는 몸 전체가 성이고, 이 우주 전체가 본질적인 성이다.

노인의 말에 의하면, 몸을 늘리는 것은 우리가 생각하는 것보다 더 신성한 의미가 있다. 한쪽으로 당기는 것만으로는 늘린다고 볼 수 없고, 다른 한쪽에도 당기는 힘이 작용하기 때문에 늘린다는 현상이 성립된다. 음양의 대극이 바람직하게 작용할 때, 정령이 현실계에 작용하기 시작한다. 그리고 이것은 자연계의 모든 것을 관철하는 법칙이다.

또 한 가지 노인의 설명을 듣고 놀란 것은, 뻗은 부분에 정령이 산다는 것은 동시에 지혜가 산다는 것과 같다는 설명이었다. 이는 문명인들은 도저히 이해하기 어려운 이야기이다. 그러나 현자의 분위기를 풍기는 노인을 보면 나도 모르게 수긍하게 된다. 그는 몸의 모든 세포가 지혜가 아닐까라는 생각이 들 정도로 인간으로서의 숭고함을 느끼게 했다. 우리 사회의 학식 있는, 소위 머리가 좋은 사람들과는 전혀 다르다. 우리 사회의 식자들은 머릿속에 많은 지식을 주입하고 있는 것에 불과하다. 노인을 보면 우리가 빈약하고 불균형한 존재로밖에 보이지 않는다. 그의 모습은 몸 전체로 사고하고 몸 전체로 진리를 터득하고 있으며 우리와는 차원이 다른 지성을 느끼게 한다.

그의 주변에는 항상 깊은 정적이 흐른다. 도시 사람들 사이에 흐르는 침묵은 두 사람 사이에 대화가 없는 것을 의미하지만 그의 경우는 정반대이다. 정적일 때야말로 그는 많은 것을 이야기하고 있다. 그가 깊은 정적에서 말로 표현하지 못하는 깊은 교감을 시작한다. 정확한 표현은 아니지만 정적 속에 있는 그의 몸에서 전파적인 메시지가 빠른 속도로 발신된다.

노인이 가르쳐준 바에 의하면, 인간에게 가장 중요한 몸의 부위는 머리 정수리 부분에서 아래쪽으로 가로지르는 몸의 중심축(척수 중추신경에 해당한다)이다. 인체를 가로지르는 중심축을 그는 '도의 줄기'라고 불렀다. 도의 줄기는 인간뿐만 아니라 모든 존재의 중심에 있으며, 성 중추라고도 불린다. 마을 사람들은 이러한 성 중추를 '라'라고 말했다. 도의 줄기의 위쪽 끝에 뇌가 있고, 아래쪽 끝에 성기가 있으며, 그 전체로 인간의 기초는 성립된다. 성 중추는 인간의 영적인 중추이기도 하다. 여성의 경우 이 중추의 아래쪽에서 중추를 따라 남성의 성기가 삽입되는 구조로 되어 있는 것은 우연이 아니다.

또한 성 중추에 흐르는 정기의 양과 후광의 빛과 비례해 무언의 메시지를 방출하고 있다고 그는 말했다. 이를 달성하기 위한 야마는 많은 종류가 있으며, 나는 그것을 조금 실천했을 뿐인데 머리가 맑아지고 사물이 선명하게 느껴졌다. 일본에 돌아간 후, 나는 야마에 대한 실천적 연구에 힘을 쏟아왔다.

노인은 상당히 난해한 중국어로 성 중추와 우주의 관계를 설명했다. 내 나름대로의 해석이지만 도의 줄기의 양끝에 있는 성기와 뇌는 전극과 같은 것으로, 그것에 대해 우주의 존재는 본래 대극의 에너지를 갖고 있어 성 에너지는 대우주 속을 유동한다.

마을 사람들은 인체의 모든 정령 포인트는 중심인 단 하나의 성 중추와 연결되어 있고, 반대로 하나의 정령 포인트의 생활화는 성 중추 그 자체의 활성화에도 연결되어 있다. 그러한 관점에서 그들은 인체의 기능을 높이려 하는 것이다. 그리고 이러한 인체의 장악은 그들의 모든 문화에 반영되어, 궁극적으로 그들의 사회는 모든 점에서 이 성스러운 중심축에 의한 인체의 구조 그 자체를 모델로 삼고 있다. 묘한 광경이 아닐 수 없지만 성 행위와 함께 야마를 하는 광경과 남녀가 조를 이루어 야마를 하는 모습을 여러 번 목격했다. 제일 처음 그것을 봤을 때는 이 마을에 와서 일주일 정도 지났을 때였다. 숲속에서 본 20대 전후의 남녀가 야마를 하고 있는 모습은 나의 섹스관을 완전히 바꿔놓을 정도로 충격적이었다.

멀리 보이는 경치에 심취해 걸어가고 있던 나의 시야에 갑자기 들어온 것은 위를 향해 누운 남성의 몸 위에 전라로 앉은 여성의 모습이었다. 다소 놀랐지만 그들의 문화를 이해하기 시작한 나는 그 정도로 놀라지는 않았다. 그녀는 양 손을 머리 위로 올리고 손바닥을 하늘로 향하게 해 위쪽을 올려다보면서 거의 정지해 있었다. 마치 기도를 하는 자세의 그녀가 깊은 황홀경에 빠져 있다는 사실은 표정에 확연히 드러났다. 단순히 정지해 있다기보다 대나무숲의 남성과 함께 정적의 공기를 방출하고 있었다. 미묘하게 뒤쪽으로 활처럼 휘어진 등에 엄청난 전류가 흐르고, 양손을 따라 하늘로 방출되는 것처럼 보였다.

황홀경에 빠졌을 때의 자세는 조금씩 달라졌다. 양손을 아래로 내려 대각선 위쪽을 올려다보는 자세를 취하고 또다시 정지 상태를 유지했다. 그외에도 여러 가지 자세를 취했다. 어떤 자세도 또한 자세를 바꾸는 몸의 움직임도 우아한 무용과 같이 아름다웠다. 항상 여성 쪽이 자신의 감각에 의식을 맞추고 내적인 에너지에 몸을 맡기고 천천히 자세를 바꿨다.

전신이 건강하게 그을린 몸은 햇빛을 받아 빛났다. 후광이 비친다는 말이 있는데, 이러한 형용은 천사와 보살 등, 인간을 초월한 존재를 나타내는 형용이다. 그러나 그녀의 황홀경에 충만한 눈과 무엇과도 비유할 수 없는 사랑과 온화함이 가득한 얼굴은 인간을 초월한 존재를 연상케 하는데 충분했다.

그녀의 주변에 감도는 모든 것을 충족시키는 공간에 나도 모르게 이끌렸다. 스트렐리치아 등의 대형 남극식물을 배경으로 반복되는,

욕망이라는 것을 전혀 느끼지 못하게 하는 두 사람의 행위는 주변의 자연과 조화를 이룬 위대한 예술행위라고 밖에 말할 수 없었다. 혹은 우주의 도를 몸소 표현한 궁극의 종교댄스라고 말할 수 있었다. 어쨌든 그녀들은 압도적인 아름다움과 존엄성으로 충만해 있었다. 우리들이 흔히 하는 '볼꼴 사나운' '부끄러운' 욕망의 섹스와는 전혀 차원이 다른 예술행위는 장시간에 걸쳐 계속되었고 남성이 사정했는지는 상관없이 끝났다.

어떻게 성 행위만으로 이렇게 인간이 신비롭게 빛날 수 있는 것일까? 이 남녀는 서로의 존재를 통해 자연계의 지혜인 정령들과 교감하고 그들의 개념으로는 신과 같은 우주에 몸을 맡긴 것이다. 그녀들의 인간을 초월한 압도적인 위세는 들판의 빛나는 꽃들이 자연계의 정령을 구현한 결과인 것처럼, 자연계의 지혜의 빛을 최고도로 구현한 것이었다. 그것은 인간이 나타낼 수 있는 가장 심오한 예술이며 가장 겸허한 기도이기도 했다.

나는 지금까지 당연하다고 생각했던 문명사회의 사정주의의 섹스관이 얼마나 편협한 것인가 알게 되었다. 너무나 자기중심적인 욕망 행위를, 그것이 섹스라고 나는 굳게 믿고 있었던 것이다. 유대교의 성전에도 있듯이 섹스는 그 사람 자체를 나타내는 거울이다. 그녀들의 모습은 사랑으로 사람이 신으로 추앙받는 모습으로조차 생각되었다. 태고의 사람들이 얼마나 성을 직시했는가, 왜 그들에게 성이 신이었을까를 보여준 것이었다. 그렇게 숭고한 행위를 숨어서 할 이유는 어디에도 없다. 그들이 섹스를 숨어서 하지 않는 것은 당연한 것이다!

문명인들은 성 행위를 아이에게 보여주는 것은 교육상 좋지 않다고 생각한다. 그러나 그것은 우리들의 섹스가 그러한 차원의 섹스이기 때문이다. 그들의 섹스에 대한 인식은 우리들이 생각하는 섹스와는 정반대이다. 그들은 섹스야말로 다른 무엇보다도 우선으로 아이들에게 보여주어야 하는 행위라고 생각한다. 그래서 마을의 아이들은 부모의 부끄러운 행위를 통해 태어난 것이라는 허무함을 느끼는 일은 없다.

나는 예전에 해외의 가톨릭교회에서 경건한 신자들이 기도하는 모습을 보고, 신자가 아닌데도 불구하고 감동을 받은 경험이 있다. 지금 눈앞에 있는 이 남녀의 모습에도 그러한 모습이 있다. 신과 대면하는 인간의 있는 그대로의 아름다움으로 내가 아는 어떠한 것보다도 더 자연적인 인간다움과 아름다움이 있었다. 그것도 내가 지금까지 인간의 겸허한 모습과는 정반대라고 굳게 믿고 있었던 그 행위를 통해 감동을 받았다는 점에서 큰 충격이었다. 그때 내가 받은 인상은, 어디까지나 나의 개인적인 생각이지만 섹스의 쾌락의 감각에는 두 종류가 있다. 첫 번째는 우리가 경험하는 성기의 자극을 통해 뇌가 흥분상태가 되는 것, 두 번째는 우리가 모르는 에너지의 유입·유동을 통한 보다 깊고 심오한 감각이다.

우리의 마음속에는 침(針)이 있어서 일정한 흔들림으로 진동한다고 가정하면, 우리가 아는 섹스의 쾌감(엑스터시)은 이 침이 최대로 흔들리는 진동 상태, 즉 흥분을 통해 생기는 것이다. 그렇지만 그녀들의 침은 우리들과는 정반대이다. 즉 침을 한계까지 진정화시킴으로써 생기는 전혀 다른 이질적인 엑스터시라는 말이다. 스스로 진동이 생기지 않는 진정화 상태가 되므로 그녀들의 몸은 자연계의 미세한 파장과 공진하고 무한대의 황홀경에 이른다. 그리고 그들은 후자를 주체하기 때문에 성기의 마찰을 가능하면 자제하는 것이 아닐까? 또한 후자 쪽이 더 깊은 만족감을 얻을 수 있고 그들에게 우리와 같은 관념적 성욕은 없는 것은 아닐까.

성욕이라는 말이 나왔으니 생각났는데, 노자 1장에는 '無慾以觀其妙(무욕이관기묘)' 라는 말이 있다. 성욕을 개입시키지 않는 성 행위를 통해 도가 얼마나 현묘한 기쁨인지 볼 수 있다는 말은, 이 진정화된 침과 같은 상태를 말하는 것은 아닐까. 그녀들은 그 말의 진실을, 실재하는 그 모습으로 증명해준다.

그 후에도 나는 그들이 대자연 속에서 섹스를 하는 모습을 여러 번 목격했다. 그들이 아름다운 자연 속에서 섹스를 하는 것은 우리가 분위기를 중요하게 생각하는 것과 비슷한 맥락인지도 모르겠다. 그러나 우리에게는 없는 그들의 관점은 그것이 단순한 분위기가 아닌, 실제 대자연과의 교감, 교류를 의식하고, 추구하는 것이라는 점이다. 그에 대해서는 노인의 가르침을 통해 깨달았다.

"그렇다네. 성 행위 중에 사람의 영혼은 여러 가지 영향을 받기 쉬운 백지와 같은 상태가 되지. 그렇기 때문에 우리는 좋은 기가 충만한 장소를 고르는 것이네. 원래 좋은 기라는 표현은 한 민족의 표현으로 우리는 그러한 표현은 쓰지 않네. 우리는 그것을 '정령이 활발하게 움직이는 곳'이라고 표현하네.

성 행위 중에는 피부감각이 예민해지는 것은 잘알겠지? 평소 느끼는 작은 자극도 민감하게 느끼는 날카로워진 감각 상태로 자연에 도달하네. 성 행위 중에 무심(無心)이 되는 것은 자연스럽게 집중하기 때문이지. 날카로워진 감각은 더 예민해져 대자연과의 교감이라는 보다 정묘한 파동을 느끼네.

물리적인 자극을 통해 인체는 쾌감을 느끼도록 만들어졌지만 그것과는 비교할 수 없을 정도의 쾌락의 차원이 대자연과의 교감을 통해 얻는 쾌락이지. 우리가 야마를 하는 목적도 바로 그것

이네. 인간의 몸 전체는 소위 대자연과 커뮤니케이션을 하는 성
감대이지. 그 감각을 높이는 방법이 야마일세. 야마의 문화는 노
자 시대 이전부터 있었고 노자는 이러한 문화 속에서 자랐네. 그
가 성에 대한 깊은 통찰을 기록할 수 있었던 것은 그렇게 날카로
워진 인체를 통해 진리를 몸소 터득하는 능력을 갖고 있었기 때
문이라네."

노인의 말에 의하면, 처음에는 그러한 목적은 아니었지만 이러한
성 행위를 통한 야마가 심리적, 정신적 외상을 치유하기도 한다. 또
한 여성들의 미용에도 탁월한 효과가 있다. 야마는 道와 더 잘 통하
기 위해 매우 유효했다. 그러나 여러 관념이 복잡하게 얽혀 있는 문
명인의 경우, 개인 한 사람이 야마를 하는 것만으로 완전한 상도에
이르기는 어렵다.

대자연이 연주하는 멜로디와 서로 양립할 수 없는 관념은 모두 성
에너지의 방해물이 된다. 노인은 이 방해물을 '아집'이라 말했다. 노
인이 말하는 아집은 성 에너지의 유동을 방해하는 장벽이다. 내가
이 마을에서 얻은 가장 큰 체험은 성 에너지의 방해물을 피할 수 있
는 체험이었다. 그것은 위대한 집단 야마라고도 한다.

제10장

몸을 다스리는 비결
-인체의 초 법칙을 깨우친 사람들

그들은 우리가 아는 어떤 명의보다도

몸에 대해 잘 이해하고 있고

병을 치유하기 이전에

병을 미연에 방지할 수 있었다.

그들은 우리가 말하는 건강이라는 관념을

훨씬 초월한 건강관을 갖고 있다.

사소한 것일지 모르겠으나 나는 이 마을에서 궁금한 것이 하나 있었다. 그것은 충치가 생겼을 때 치과의사도 없는데 어떻게 하는가였다. 나중에 듣고 놀랐지만, 그들 중에는 충치가 있는 사람이 없었다. 혹시 충치가 생겼다 해도 약초로 통증을 없애거나 충치의 진행을 억제했다. 그들에게 충치가 없는 것은 생활 속에서 스트레스를 받지 않기 때문이다. 그리고 또 하나는 자연식 식생활을 하기 때문이다.

　이를 분석하는 것만으로도 인간의 스트레스 양을 측정할 수 있을 정도로 이는 스트레스의 영향을 많이 받는다. 그들은 인체의 모든 기관이 매우 건강하다. 또한 자연계의 동물에게 충치가 없듯이 자연식 식생활을 하는 그들은 당연히 충치가 없다. 아니, 그뿐인가, 병도 거의 없었다. 감기에 걸렸다는 사람을 본 적도 없었다. 몸 상태가 안 좋으면 야마를 하거나 약초를 사용해서 자신의 몸을 정상으로 되돌려 놓는다.

그들에게 야마는 젊음을 소생시키고 생명력을 강화하는 의학이다. 노인뿐만 아니라 마을 사람들은 몸을 어떻게 하면 생명력이 강화되는지 전부 파악하고 있었다. 그들이 몸이 안 좋다고 하는 상태는 우리 문명인이 아무 문제도 없다고 여기는 수준이다. 그들은 몸의 변화에 놀랄 정도로 섬세하며 사소한 변화까지도 감각적으로 장악한다.

대대로 물려받은 약초에 대한 지식은 가히 놀라웠다. 숲에 있는 모든 풀의 성질을 완전히 꿰고 있었다. 그들의 몸에 대한 이해는 그 이상으로 놀라운 수준이었다. 문명사회와는 전혀 다른 인간관으로 몸을 유지했다. 나는 이 마을에 오기 전까지 얼굴에 기미가 조금 있었는데, 마을 사람들이 내 몸이 필요로 한다고 하면서 가르쳐준 팔과 등을 펴는 야마와 지압을 매일 반복했더니, 2~3주 만에 기미가 없어졌다. 자연식을 먹어 그러한 것도 있겠지만 어쨌든 나에게는 놀라운 일이었다. 그들 중에 기미나 주근깨가 있는 사람은 단 한 명도 없다.

우리가 병이라고 생각하지 않는 것도 그들에게는 부자연스러운 병이다. 노인은 도시생활을 경험한 적이 있어 문명사회의 실태를 잘 알고 있었기 때문에 "저 사회는 우리들이 보기에는 병자밖에 없다"고 말했다.

나는 의학이 발달한 일본에서 태어난 것을 감사하게 생각했었다. 그러나 이 마을에서의 체험은 그 생각이 문명인의 착각이라는 것을 깨우쳐 주었다. 그들은 우리가 아는 어떤 명의보다 몸에 대해 종합적으로 이해했고, 병을 치유하기 전에 병을 미연에 방지할 수 있었다. 게다가 그 능력은 특정인만 갖고 있는 것이 아니라 마을 사람 모두가 자신의 몸을 완전하게 파악하고 있었다.

이 마을 사람들 모두가 최고의 의학박사 수준이다. 그들은 우리가 말하는 건강이라는 개념을 초월한 건강관을 갖고 있다. 이 사람들의 맑고 투명하고 건강한 눈빛은 우리에게는 상상할 수 없는 건강의 증거였다. 그러고 보니 갑자기 생각난 이야기가 있다. 노인은 다음과 같이 말했다.

"나는 중국 사회에서 학교라는 곳을 본 적이 있었네. 아이들이 의자에 장시간 앉아 있는 부자연스러운 상태는 성 에너지의 유동을 막는 체질을 만들지. 이 마을에서는 결코 아이들에게 그러한 것을 시키지 않는다네. 아이들은 자신의 호기심만으로 모든 것을 배우니까."

노인이 보기에는 문명국가의 학교는 병자 제작소였다. 나는 노인에게 이 얘기 외에도 내가 전혀 생각하지 못했던 문명사회의 문제점에 대해 무수히 지적 받았다. 너무 많아 다 기억하지 못할 정도이다.

그들의 몸의 문화에 대해 생각하면서 또 한 가지 생각난 것이 있다. 이 마을에는 스포츠가 존재하지 않는다. 그들은 우리 이상으로 몸을 가꾸고 그 몸은 우리보다 더 세련되었다. 그러나 우리처럼 승부를 겨루는 일은 없다.

나중에 세계의 체육사를 공부한 후 알게 된 사실이지만 우리가 당연하게 현재 하고 있는 스포츠는 인류의 문화 중에서도 가장 특수한 형태의 몸의 문화이다. 인류 역사 중에서 예외적인 이 형태는 경제사회에 적합한 인간성을 만들기 위한 것으로, 구미에서 세계로 확대되어 인류 공통의 문화로 자리잡게 된 것이다. 우리는 처음부터 서양 스포츠를 하면서 자랐기 때문에 이것이 특수하다고 생각하지 않는다. 그러나 노인이 봤을 때는 승패에만 집착하는 스포츠의 모습은 너무 천한 자기중심적인 모습으로밖에 보이지 않는다.

서로 몸의 힘을 겨루고 경쟁하기 위한 문화와 스스로를 정령을 표현하는 주체로서 완성시키기 위한 문화는 비교할 수 없을 정도로 차원이 다르다. 그들은 몸의 문화를 통해 인간 본연의 빛을 실현하는 것이다.

그들의 주거 역시 야마와 관련이 있다. 자연을 소재로 한 지붕의 미묘한 각도, 높이와 폭의 관계, 수직과 곡선의 위치 등 전체적으로 기능뿐만 아니라 정령 공간으로 삼기 위한 법칙이 있다. 나는 그들의 주거 공간에서 초감각적인 공간인식을 느꼈다. 공간이 실제로 집이라는 형태를 통해 하나의 사랑이 있는 생명처럼 숨을 쉬고 있었다. 노인은 "이러한 우리의 감각은 주로 야마를 통해 길러진다"고 말했다. 자신의 몸을 자신의 의지로 '건축'한 경험이 있는 사람은 건축의 노하우를 모든 창조행위에 응용할 수 있다.

인체의 창조도 본질은 공간 인식이며 하나의 존재가 존재로서 안정되기 위해서는 공간적인 안정 법칙이 있다. 그 법칙은 정중선의 확립과 정중선에서 확대되는 공간의 균형이며 이상적인 인체의 법칙은 다른 만물에 공통적인 것이다. 그들의 문화는 우리의 문화와는 달라서 단순함 속에 심오한 지혜가 숨어 있다. 그 경전이 야마이다.

그러나 이 마을의 비밀은 그뿐이 아니었다. 나는 이 마을에서 야마보다 더 충격적인 문화를 접하게 되었다.

제11장

사랑이 충만한 춤의 바다
-만물일체감으로 인도하는 성스러운 축제

사랑이 충만한 의식의 바다 속에 나는 있었다.

곧이어 행복감이 몰려왔다.

내가 지금까지 살아온 인생에서 상처 받고

억압받은 부정적인 관념과 생각,

그러한 어두운 감정들이 일순간에 모두 사라졌다.

이 마을에서는 거의 매일 축제가 열렸다. 나 역시 마을 축제에 참가했다. 축제가 열리는 장소는 '신들의 숲'이라 불리는 숲속이었다. 마을에서 조금 떨어진 작은 산에 있는 숲이다. 이 숲은 정말 신들이 살고 있을 것 같은 장엄한 분위기가 풍긴다. 마을에서 20분 정도 걸어간 좁은 길에서 산으로 들어가면 빽빽한 숲의 나무에 둘러싸인 원형의 공간이 있다. 이 마을은 어디에 있어도 마음이 평온했지만 이 장소는 특별히 더 그랬다. 나의 영혼은 이상할 정도로 이곳을 편안하게 느꼈다.

나무들에 둘러싸인 자연의 집에는 작은 원형의 광장이 있고 그 중심에 석주 하나가 서 있다. 높이 1m 정도의 석주인데 자세히 보면

남근의 형태이다. 상당히 오래된 것으로 고대의 유적이었다.

이 장소는 선조의 영혼이 사는 곳이다. 또한 천신이 강림하는 장소로서 옛날부터 축제를 하던 곳이었다. 수천 년 전의 사람들이 지금과 똑같은 풍경을 보고 있었다고 생각하니 이상한 기분이 들었다. 그들은 수직으로 솟아 있는 석주를 둘러싼 공간을 성스러운 공간이라 생각했다. 이 석주 중심축에 정령이 번개처럼 강림하고 그 주변의 공간은 정령의 작용이 내리는 장소가 되는 것이다.

나는 일본에서도 이 마을의 석주와 비슷한 남근 모형을 한 석주가 죠몬 유적에도 일부 남아 있다는 것을 나중에 알고 놀랐다. 인디언의 토템폴이나 이집트의 오벨리크스도 원래는 수직으로 솟은 남근상이었다는 설도 있다. 그들과 마찬가지로 원시성 우주관을 바탕으로 한 것인지도 모른다. 고대 일본에서 왜 신을 '기둥'이라고 불렀는지 현대인들은 이해할 수 없겠지만 이러한 인식에서 비롯된 것이리라.

그들에게 축제란 개개인의 정령의 작용을 초월한 보다 큰 정령과의 만남을 의미하는 것이었다. 축제 때 마을 사람들은 이 석주 주변을 원형으로 둘러싼다. 남녀가 함께 원을 만들고 처음에는 인사를 한다. 여기서 말하는 인사는 정령에 대한 인사이며 기도이기도 하다.

그들은 석주의 아래쪽에는 선조령이, 위쪽에는 천령이 작용한다고 생각한다. 또한 그들은 각각 별개의 것이 아닌 하나라고 여긴다. 이러한 점이 우리의 개념과는 전혀 다르다. 어쨌든 그렇게 그들은 모든 중심점이 되는 이 석주에 의식을 맡기는 것이다.

나는 처음 축제를 경험한 날을 잊을 수 없다. 모든 것의 중심인 석주를 보고 손바닥을 위로 하고 앞쪽으로 펼칠 때의 신비한 모습이 나의 뇌리에 강하게 박혔다. 한순간에 축제 분위기는 다른 세계처럼 아주 조용해졌다. 마치 공기가 정지한 듯한, 바람에 흔들리는 나무들의 소리만이 선명하게 들려왔다. 드디어 그 소리조차 들리지 않을 정도로 정적이 흐를 때 이번에는 천천히 몸을 쓰다듬듯이 양 손을 내린다. 단순히 이 동작을 했을 뿐인데 온 몸에 소름이 돋았다. 특히 몸을 쓸어내릴 때 나의 몸은 예전에도 이러한 일이 있었던 것 같은 이상한 감각을 느꼈다. 이 동작을 수차례 반복했다.

마을 사람들의 의식에 의한 영향도 있었겠지만 나는 마치 다른 차원으로 들어가는 착각에 빠졌다. 몸도 영혼도 깨끗해진 느낌이 들었다. 그리고 특별한 축제가 아니면 그 후에 바로 춤을 춘다. 춤 자체가 의식의 시작이다.

사람들이 만든 원 밖에는 4곳에 큰 돌이 있고 남자 2~3명이 그 돌이 있는 4곳에 큰 대나무 통을 양손으로 들고 서 있다. 그들은 춤을 위한 연주를 하는 사람들이다. 대나무와 대나무를 맞부딪치면서 리

듬을 맞췄다. 사방팔방에 그 리듬이 퍼지고 가끔은 그 돌을 대나무
로 두드렸다. 큰 나무의 속을 도려내 만든 북을 두드리는 소리, 사람
들의 독특한 발성, 단지 그것만으로도 이렇게 신비로운 음악이 될
수 있다는 것에 감탄할 정도로 영혼이 크게 울려 퍼지는 음과 소리
의 세계였다.

그들에게 음악이란 인간이 만들어낸 것이 아닌 대자연에 처음부
터 있었던 리듬을 재현하는 행위를 의미한다. 숲속에 입체적으로 퍼
지는 에너지 넘치는 음과 리듬은 그것만으로도 나에게 도취감을 느
끼게 했다.

사람들은 음악에 맞춰 경쾌한 리듬으로 원을 돌았다. 원을 한 바
퀴 돌 때까지 계속한다. 사람들 모두 하나가 되는 것을 느낀다. 한
바퀴 돌고나면 이번에는 손을 위로 올리거나 내리면서 춤을 춘다.
안쪽을 보고 있기 때문에 서로의 표정이 잘 보인다. 나의 반대편에
있는 소녀들의 개방적인 표정이 말로 표현할 수 없을 정도로 편안함
을 느끼게 했다.

저녁이 되고 날이 저물어 모닥불에 사람들의 그림자가 흔들려 독
특한 분위기를 자아낸다. 사람들은 모두 중심에 있는 석주에 의식을
집중하고 춤을 춘다. 모든 사람들의 의식이 그곳에 집중된다. 나의
의식도 그 안에 녹아들어 모든 사람들과 하나가 된다. 30분 정도 계

속 춤을 췄을까? 음악은 단순했지만 16비트의 리듬으로 점점 경쾌해지더니 삼바처럼 리드미컬한 음악이 되었다.

사람들의 빠른 템포의 춤과 자신의 춤이 리듬과 맞아 떨어지는 쾌감, 음악과 자신이 일체화되는 쾌감, 박력과 열기가 넘치는 공간과 일체화된 쾌감에 나는 도취되었다. 그리고 영혼의 고양이 정점에 달했다고 느꼈을 때 음악이 멈추고 사람들은 위를 올려다보며 허밍처럼 들리는 독특한 발성과 함께 장엄한 기도를 드렸다. 천천히 양 손바닥을 위로 하고 대각선 위쪽으로 올렸다. 그 정적 속에 사람들은 손바닥을 자신 쪽으로 무언가를 포옹하는 자세로 엄숙하게 3회 반복하고, 옆 사람과 손과 손을 마주 잡았다. 일단 음악이 정지했다.

나의 양 옆의 여성과 손을 잡는 순간, 그 부드러운 감촉이 그녀들의 마음속 세계의 모든 것이 한순간에 전해져 왔다. 말로는 설명할 수 없지만 그녀들은 평소 나와는 전혀 다른 자유로운 생활을 하고 있고, 나보다 훨씬 더 예민한 감각으로 많은 현상을 느끼고 있다는 것이 전해져 왔다.

그리고 그 감각이 손을 잡고 있는 사람들에게도 전해졌다. 마을 사람들의 의식에 자극을 받은 것인지, 이 짧은 정지 시간에 나는 지금까지 경험한 적이 없는 일체감을 느꼈는데, 그것은 그러한 수준을 훨씬 초월한 감각이었다.

모든 사람들이 깊은 일체감을 느끼고 있는 것이 분명했다. 누구의 얼굴을 봐도 최고의 예술 작품이라 해도 좋은 표정이었다. 나에게 이것은 단 한 번도 경험하지 못한 의식 체험이었다.

모두가 더 이상 매력적일 수 없을 만큼 매력적이었다. 얼굴 생김새 등의 문제가 아니라 해방적 행복감에서 흘러넘치는 웃는 얼굴, 그리고 조건 없이 모두를 감싸 안는 자비로운 눈. 이 독특한 공기도 그러한 사람들의 황홀경을 무언으로 전해주는 것이다.

이러한 환희의 순간, 손을 잡은 채로 춤이 시작되었다. 몸의 약동감이 눈앞의 그녀들을 더 빛나게 했다. 더 이상 나의 고양감을 말로 표현하는 것은 불가능하다. 야마에 의해 극한까지 세련된 육체가 물을 만난 고기처럼 춤을 춘다. 그녀들이 정성스럽게 만든 옷은 그녀들과 마찬가지로 아름답게 빛나고 그 모습은 바로 천사의 모습이었다.

이 고양감을 발생시키는 것은 이러한 그녀들의 정령의식(성 에너지)과 서로 교류하는 자신의 정령의식인 것일까? 이것이 성 에너지의 맥동이라는 것일까? 이렇게까지 아름답고 해방적인 사람들, 그 사람들의 의식과 자신의 의식이 서로 교류하고 있는 일체감. 이 일체감이 나 자신의 자기인식을 변화시킨다.

자기자신이 지금까지의 자신과 다르게 느껴졌다. 나는 내가 이렇게 멋있고 존귀한 존재라고 느낀 적이 없었다. 나는 누구인가 지금까지 몰랐던 것이다. 주변을 보니 남자들도 모두 현자처럼 엄숙하게 보였다. 마치 모든 것을 알고 있다는 듯한 그들의 눈은 내가 지금까지 알고 있었던 사람이라는 생각이 무너졌다. 나는 이 마을 사람들의 모습이, 이 세계가 제대로 보이지 않았다는 것을 깨달았다.

사랑으로 충만한 의식의 바다 속에 내가 있었다. 그녀들만이 아닌 이 공간 모두가 그녀들과 함께 아름답게 빛나는 것을 느꼈다. 그리고 그들과 같이 엄숙하게 느껴졌다. 나의 눈앞의 이 세계는 한순간에 변했다. 이 황홀감은 확실히 섹스의 엑스터시를 훨씬 능가하는 깊이였다.

다 같이 손을 잡고 원을 그리며 천천히 돌면서 춤을 춘다. 그리고 1/4 정도 돌았을 때 악센트 있는 움직임이 들어간다. 이 동작을 반복하는 춤을 추면서 나는 더 깊은 일체감으로 충만해졌다. 모든 사람이 마치 자기자신처럼 느껴졌다. 자신과 다른 사람과의 사이에 벽도 없고 내가 그렇게 느끼는 것처럼 상대방도 그렇게 느끼고 있다는 것이 피부로 느껴졌다. 얼마 만에 느껴본 행복감인가! 내가 지금까지 살아오면서 상처받고 억압받았던 부정적인 관념과 생각, 그러한 어두운 감정이 모두 녹아내렸다.

이것은 일시적인 흥분이 아니었다. 나는 이 체험을 한 후, 지금까지와는 다른 감각으로 이 세계를 느꼈다. 무엇이 다른 걸까, 말로 설명하기는 어렵지만 단 한가지 확실한 것은 그 자리에 있는 것만으로 자신이 행복하다고 느낄 수 있는 감각이다. 그날 이후 나는 행복이란 무언가를 손에 넣지 않으면 얻을 수 없는 것이 아니라 오히려 무언가를 손에 넣으려 생각하는 자체가 행복에서 벗어난 삶의 태도라는 것을 알게 되었다.

또 나는 이 여행에서 돌아온 후, 예전에는 어떻게도 해결할 수 없었던 나 자신의 개인적인 문제가 해결되었다. 나 자신의 변화가 이러한 결과를 초래한 것이다. 한 번의 체험으로 이러한 성과를 얻는 것은 아니다. 실제로는 여러 번의 체험을 통해 그 깊이가 깊어져 이러한 의식을 체험한 것이다.

축제 때마다 이상하게도 무의식적으로 느꼈던 타인에 대한 공포심이 사라졌다. 우리는 예를 들면 저 사람에게 이러한 얘기를 하면 어떻게 생각할까? 그렇게 다른 사람에 대한 공포심과 벽을 만든다. 깊은 일체감을 통해 그러한 울타리가 자연스럽게 해제되는 것이다. 내가 여기에 온 지 얼마 안 되었을 때 이 집단의 춤이 지금까지의 나의 마음을 치유해주었다.

그곳에는 언어를 통한 커뮤니케이션은 없다. 그러나 무언의 커뮤니케이션 속에 내가 원하는 것들이 가득 차 있었다. 그러한 느낌이 춤을 출 때마다 점점 강해졌다. 그리고 어느 날 큰 축제에서 나는 충격적인 체험을 했다.

　평소 축제는 수십 명 정도의 사람들이 참석해 행해지는 경우가 많다. 그러나 1년에 몇 번 없는 큰 축제에는 마을 사람 모두가 모인다. 이 마을의 달력은 1년이 16개월로 되어 있다. 선조 때부터 전해져 내려오는 달력으로 1년은 4계절로 나뉘어져 있고, 각각의 달은 4주이다. 계절이 바뀔 때마다 큰 축제를 연다. 또 그 달력과는 별개로 월 달력이라는 것도 있어 월 축제도 있다.

　20~30명 정도의 사람이 연주하는 박력 있는 음악 속에서 장대한 축제가 열린다. 큰 축제에서는 사람들이 비좁게 앉은 채로 추는 춤부터 시작한다. 경쾌한 16비트의 리듬에 맞춰 사람들이 일제히 똑같은 동작을 하는 모습은 실로 장대하다. 그 속에서 나는 거대한 일체감을 느꼈다. 모든 사람들 안에 나의 의식이 들어가고 모든 사람들의 의식이 내 안에 들어오고 있다.

　사람들과의 일체감뿐만 아니었다. 모든 풀과 나무들이 살아있다는 것이 피부로 느껴졌다. 풀과 나무뿐만이 아니다. 희미하게 흔들리는 공기의 존재도 살아있었다. 나의 주변 공간의 모든 것이 생명이었다. 모든 것에는 영혼이 깃들어 있었다. 생명의 바다 속에 나는 녹아들어 존재하고 있다. 존재라는 존재는 모두 살아있는 것이다.

그것이 관념이 아닌 피부로 와 닿았다. 그리고 반대로 나의 눈앞에 있는 많은 존재들은 내가 그들을 느끼듯이 그들도 나를 느꼈다. 그것이 어떤 느낌인지 머리가 아니라 피부로 느낄 수 있다.

그렇게 하나가 된 감각이 내 속에 무언가를 만들었다. 만물일체감이란 이러한 것일까? 너무나도 충만한 감각 때문에 나의 몸은 몸속 깊은 곳부터 감전되는 충격을 느꼈다.

그것은 확실히 하나의 엑스터시였다. 노자가 말한 것처럼 환희에 가까운 이 느낌은 성의 엑스터시에서밖에 느낄 수 없다. 그러나 성의 엑스터시는 극히 부분적인 것이다. 지금 내가 느끼는 것은 내 몸뿐만 아니라 다른 사람의 몸속까지 퍼져 있다. 모든 것이 나의 몸으로 전해지면 그 광대한 몸이 환희에 떤다.

이 체험을 통해 나는 여러 가지를 깨달았다. 이 마을 할머니들이 왜 그렇게 신들린 통찰력을 갖고 있는지 나는 이 체험을 통해 알게 되었다. 의식과 의식의 커뮤니케이션, 그것이 사람에 대한 깊은 조화와 공감을 가져온다. 할머니들이 무엇이든 꿰뚫어보는 것은 단순히 사물을 관찰하는 능력이 아니다. 지금 내가 체험한 의식의 차원에 있기 때문임이 틀림없다. 지금 나도 한 사람 한 사람이 무엇을 느끼고 어떤 생각을 하는지를 마치 내 손발의 감각처럼 느낀다.

이것이 인간의 마음이었을까. 내가 지금까지 자신의 마음이라 생각했던 것은 달걀 속에 있는 병아리와 같은 것이었다. 어떻게 이러한 세계가 있었을까. 모든 것이 사랑스럽다. 무엇이라 말해야 좋을지 모를 자유로운 해방감이다. 자신이 모든 것에 퍼져 있다.

정신을 차리고 보니 주변 사람들이 나의 손을 잡고 있었다. 내가 어떤 감동을 받았는지 그들은 알고 있는 것이다. 한 사람 한 사람이 나의 마음을 꿰뚫어보기라도 하듯 말없이 미소로 바라보았다. 무엇이든 다 이해해주는 어머니의 품에 안긴 아이처럼 자신을 느꼈다. 정신을 차려보니 내 눈에서는 이미 많은 눈물이 흐르고 있었다.

모든 것을 깨끗이 씻어낸 눈물 속에 내 안의 마음의 덩어리가 자연스럽게 사라져갔다. 노인이 '나'라고 부르는 마음의 벽, 즉 자존심과 집착, 증오라는 에고가 나에게서 사라져갔다. 그들은 이러한 세계 속에서 자란다는 사실을 새삼 느꼈다. 사람들 중에는 아이들도 있다. 그들은 이렇게 어릴 때부터 내가 이 나이가 될 때까지 느끼지 못했던 기적적인 체험을, 일상적으로 계속 체험하면서 자란다. 얼마나 행복한 일인가!

문명사회의 도덕교육은 이러한 체험의 가치와는 비교할 수도 없다. 여기서 얻는 것은 배려, 친절, 협조성 등 더 깊고 근원적인 것이다. 문명사회의 종교에서 말하는 번뇌의 초월과 깨달음 등도 이 체험 이후 그 설정 자체가 너무 인위적으로 느껴져 자존심을 깨닫게 하는 메아리로 여겨졌다.

그들의 축제는 최고의 도덕이며, 몸과 영혼이 함께 약동하는 이상적인 체육이며, 전신으로 느끼는 음악이기도 하다. 또한 먼 옛날부터 선조의 삶과 지혜의 본질을 배우는 살아있는 역사 공부이기도 하다. 하나의 사회를 조화롭게 통일시키는 것을 정치라고 한다면, 이 축제는 대화 없이도 사람들을 최고 레벨의 조화로운 통일로 이끄는 초언어적 정치라 할 수 있다. 실제로 이 마을에는 정치라는 것이 없어서 이 축제가 마을 전체를 통일시키는 역할을 했다. 또 이것은 사람들을 더 이상 빛날 수 없을 만큼 빛나게 하는, 인간 그 자체를 대상으로 한 예술이기도 하다. 그렇게 빛나는 그들이기에 저렇게 아름다운 마음이 담긴 직물과 토기와 마을을 만들 수 있는 것이다. 교육, 정치, 예술 모두 문명사회가 지향하는 그 이상을 훨씬 초월하고 실현시켰다.

모든 존재는 '하나'가 됨으로써 충만해지며, 소생한다고 하는 노자의 세계관은 이러한 세계를 나타내는 것이 틀림없다.

昔之得一者 (석지득일자)

天得一以精 (천득일이정)

地得一以寧 (지득일이영)

神得一以靈 (신득일이령)

谷得一以盈 (곡득일이영)

萬物得一以生 (만물득일이생)

侯王得一以爲天下貞 (후왕득일이위천하정)

其致之一也 (기치지일야)

(39장)

예부터 하나를 얻은 것들이 있으니

하늘은 하나를 얻음으로써 맑고

땅은 하나를 얻음으로써 안정되고

신은 하나를 얻음으로써 신령해지고

골짜기는 하나를 얻음으로써 채워지고

만물은 하나를 얻음으로써 소생하고

왕후는 하나를 얻음으로써 천하를 바로잡게 되니

그 모두가 하나에서 오는 것이다.

이것이 노자가 말하는 道의 세계인 것이다!

우리 문명사회는 교육도, 정치도, 예술도, 복잡하게 돌아가고 본
질을 잃어가고 있다. 아이들의 마음은 자라지 않고 정치가는 자신의

이익밖에 생각하지 않는다. 인간성을 잃은 청소년의 비행과 초등학생의 가벼운 도둑질, 성인이 된 인간이라고는 생각할 수 없는 성인들의 무분별한 행동, 다른 사람을 전혀 의식하지 않는 행동, 이 모든 것들을 상업적 이익에 이용하려는 어른들의 한심한 이기주의, 그러한 실태가 머리를 스쳤다. 어쩌면 이렇게 다를 수 있을까!

우리는 복잡한 것이 현명한 것인 양 믿어왔다. 하지만 그것은 큰 착각이다. 이 마을은 반대로 하나로 귀일, 즉 단순화라는 현명함을 최대한 실현하는 사회이다. 최고 수준의 효율적인 사회, 에너지 절약 사회는 그렇게 해서 만들어진다. 시간적, 물질적 낭비가 전혀 없는 사회이다.

나는 지금까지 인간이란 일하지 않으면 먹고 살 수 없는 존재라고 생각했다. 그러나 이 마을 사람들은 예외였다. 그들은 자신을 갈고 닦는 창조 행위에만 시간을 투자한다. 자신의 영혼이 정말 원하는 것을 하면서 매일을 보낸다. 그러한 매일의 반복이 겉과 속이 다르지 않는 그들의 온화함, 인간적인 빛을 가져온다.

맞벌이가 많은 일본 사회에서는 하루의 대부분의 시간을 노동으로 보낸다. 나는 그것이 당연한 인간의 모습이라고 생각했다. 그러나 나는 이 마을에 온 후부터 도대체 사회란 무엇인가, 국가란 무엇인가에 대해 생각하게 되었다. 우리 사회는 경제에 매여 사는 노예화를 노예화라고 느끼지 못하는 노예화 사회이다. 어디 그뿐인가, 마음을 수련하는 종교조차도 신자를 확보하기 위한 노동에 매여 있다. 그에 비해 이 마을에서는 무엇을 믿으라고 강요하지도 않고, 아이들도 어른들도 경외할 것을 경외한다. 그들은 모두 현자로, 그녀들은 선녀로 보인다.

분명 태고에는 이러한 사회가 당연히 존재했을 거라고, 내가 무의식적으로 그리고 있었던 고대 사회의 이미지가 얼마나 잘못된 것인가를 반성했다. 나는 내가 소속한 사회가 부끄럽게 여겨졌다. 너무 폭력적인 사회라는 생각이 들었다. 아마 태초의 인류는 모든 것이 이 마을처럼 이상적인 사회였을 것이다. 언젠가부터 한 사회가 욕망과 권력을 추구하기 시작해 오늘날의 국가지배 세계에 이른 것이다.

이 집단예술은 교육과 예술, 정치, 체육, 오락, 종교이기도 하다. 또한 수천 년, 수만 년에 걸쳐 선조들이 다음 세대에게 지혜를 전하는 정보 전달의 장이며, 보이지 않는 문화의 기록이기도 하다. 현재 우리의 문명사회는 우주의 빅뱅처럼 복잡하게 팽창해 정점에 이르렀고 더 이상 수습이 불가능한 상황이다. 나는 이 사회가 다시 본래의 모습을 찾기 위한 방법을 배웠다.

독자는 나의 표현이 과장된 것이라고 생각할 것이다. 그러나 나는 과장은커녕 내가 받은 감동을 말로 다 표현할 수 없어 안타깝다. 이렇게 여러 가지 사례를 통해 특히 전달하고 싶은 것은 바로 일체감이란 무엇인가 하는 것이다. 내가 표현하는 것보다 훨씬 더 깊은 체험이었는데 어떻게 전달해야 좋을지 잘 모르겠다. 독자 여러분의 상상력으로 나의 체험을 깨닫기 바란다.

나는 지금까지 인간이란 사이좋게 지내면서도 서로가 서로를 비판하고 부정하는 존재라고 여기며 살아왔다. 그러나 그러한 타인에 대한 감추어진 경계심과 공포심이 전혀 필요 없는 상태가 얼마나 행복한 것인지 체험한 것이다.

나는 사람들의 사랑의 바다 속에 있었다. 우리 한 사람 한 사람은 그 바다와 같은 의식을 수신하는 수신기에 지나지 않으며, 똑같은 의식을 공유하고 있다는 안도감을 받는다. 이 마을에 있으면서 문명사회를 떠올리면 오히려 그것이 비현실적으로 느껴진다. 이 마을에 있는 그대로의 현실 속에서 생각하면, 당연한 현실이라고 생각했던 문명사회가 마치 부질없는 공상 속의 환상처럼 느껴졌다. 사람과 사람이 서로 증오하고 아득바득 톱니바퀴처럼 일하는 사회가, 내가 살았던 사회임에도 혹독하고 이상한 세계로 느껴졌다.

아이들이 학교에 가는 것이 당연한 의무라고 생각했는데, 여기 아이들을 보는 시선으로 문명 세계의 아이들을 보면, 태어나면서 자유로운 존재이어야 할 아이들까지도 강제교육이라는 틀에 매이게 하는 죄 많은 사회이다. 마을 아이들은 어렸을 때부터 마을 사람 모두에게 귀여움을 받으며 자란다. 어머니 혼자 육아를 하는 경우는 없다. 그래서 초등학교 저학년 정도 되는 여자아이들은 모두 아기를 너무 좋아하고, 근처에 아기가 있는 집이 있으면 아기의 어머니를 졸라 엄마가 되는 체험을 한다. 학교와 학원에 쫓기는 일본의 초등학교 아이들과는 실로 대조적이었다.

처음에 만났던 소녀 3명이 그랬듯이 마을 아이들의 눈에서는 일본의 아이들에게서는 볼 수 없는 인간적 지성이 느껴져 나는 큰 문화적 충격을 받았다. 일본의 교육이 진보된 교육이라 믿었던 나는 그녀들의 지식을 초월한 '지성'에 충격을 받았다. 바쁜 일상에서 자녀 양육이라는 '노동'에 쫓기거나, '아이는 귀찮아'라고 말하는 일본의 젊은 여성들, 그러한 세계가 너무 병적으로 느껴졌다. 이렇게까지 온화한 인간미 넘치는 사람들을 보고 있으면 왜 일본에서는 아이들까지도 서로에게 상처를 주는지 알 수 있다.

노자가 말한 것처럼 이 세계는 역설적이다. 우리가 진정으로 추구하는 이상적인 교육이 교육이라는 미사여구로 장식된 일본에는 없고, 교육이라는 말조차 없는 이 마을에서는 실현되고 있다. 내가 지금까지 믿고 있었던 것은 무엇이었을까?

이 마을에 있으면 지금까지 우리가 가장 가치가 있다고 당연하게 생각했던 것들조차도 과연 가치가 있는지 되짚어 보게 된다. 예를 들어 "열심히 합시다, 열심히 해주세요"라는 말을 우리는 자주 한다. 그러나 일본인처럼 열심히 하지 않는 그들의 삶이 내 눈에는 사람에 대해서도, 매사에 대해서도, 훨씬 진지하고 성실한 삶이었다. 또한 정말 창조적인 삶이었다. 그들을 보는 시선으로 일본을 보면, 일본인의 '열심히'라는 관념은 지극히 공격적인 관념이다.

생각해보면 '열심히 하는 나라'의 이미지가 떠오르는 나라일수록 역사상 가장 잔학한 전쟁을 일으켰다. 서양에서 가장 일을 많이 하는 독일인도, 과로로 죽는 사람이 가장 많은 일본인도 서양과 동양에서 가장 잔학한 전쟁의 역사를 만들어낸 민족이다. 전쟁을 일으킨 나라들은 예외 없이 이윤 획득을 위해 노동에 가치를 두는 나라들이다. 자연파괴, 환경파괴의 정도도 그러한 '열심히 하는 정도'에 정비례한다.

이 마을 사람들과 있으면 이것이 정말 사람다운 평화의 모습이라는 실감이 든다. 마을 사람들에게는 '열심히'도 아닌, 그 반대인 '게으름'도 아닌, 그러한 차원을 초월한 삶이 있다.

현재 아시아 각국들은 지금까지 경험하지 못했던 최대의 위기를 맞고 있다. 수천 년이라는 긴 역사를 통해 쌓아온 각각의 민족문화가 갑자기 밀려온 문명경제라는 해일에 삼켜져 한순간에 붕괴하는 현상이 여기저기서 일어나고 있다. 급격한 빈부격차가 생겨 사회의 하층으로 내몰린 사람들은 생활이 어려워지고, 지금까지 없었던 약탈과 거짓이라는 낯선 세계가 만들어지고 있다.

그러한 사회 변화가 지금까지 조화롭던 인간관계의 질과 구조에도 변화를 가져와 가정의 유대관계까지 약화시키고 있다. 그렇게 마음 둘 곳 없는 사람들이 넘쳐나고 있다. 일본에서 백 년에 걸쳐 일어난 일이 최근 몇 년 사이에는 속도가 더 빨라지고 더 충격적인 현상으로 다가오고 있다.

지금 아시아에서는 자신들이 잃어버린 것은 무엇인가를 반성하고 있다. 자신들이 뿌리내리고 있던 문화의 가치를 깨닫기 시작했다. 그러나 마음을 지탱하고 있던 문화의 뿌리가 무엇이었는지 스스로도 알지 못한다. 하물며 어떻게 다시 그때로 돌아갈 수 있을지, 돌아갈 방법을 잊어 버렸다. 내가 이 체험을 한 것은 27년 전이다. 그때는 아시아의 많은 나라들이 이러한 사태에 빠지기 전이었다. 나는 이 체험으로 아시아의 많은 민족문화가 공통적으로 뿌리를 내리고 있던, 그 뿌리를 만난 것이다.

제12장

사랑과 욕망의 갈림길

-지구상에서 가장 올바르게 진화한 사회 시스템

욕망이라는 것은 얻을 수 없는 사랑의 대가로 생긴다.

진정한 사랑이 있는 곳에 욕망은 생기지 않는다.

그리고 진정한 사랑은 개인의 성을 초월한 성스러운 성,

궁극의 도를 통하지 않고는 생길 수 없다.

아이누(홋카이도와 러시아의 사할린, 쿠릴열도 등지에 분포하는 소수민족)의 문화에서는 자신들의 생활을 위해 자연계의 존재를 받을 때 기도를 드린다. 그 기도는 우리가 보기에는 노래 같기도 하고, 춤 같아 보인다. 그들은 음성으로 장소를 깨끗이 하고 춤으로 공간을 숨 쉬게 하고, 직접적으로 신들과 교류한다.

이것을 알게 되었을 때 나는 내가 체험한 것과 똑같다고 생각했다. 이는 서양의 포크댄스에서도 볼 수 있다. 예를 들면 마임마임(이스라엘의 민요)은 손을 잡고 원형을 만들어 비슷한 형태로 춤을 춘다. 물론 마임마임은 그렇게 오래된 역사는 아니지만 포크댄스 자체는 인류의 기초 문화에 뿌리내리고 있다. 동양의 기저문화는 먼 옛날

유럽의 기저문화에서도 엿볼 수 있다. 이러한 의미의 춤이라는 인류 시원의 행동은 인류가 추구하는 모든 것을 충족시키는 힘을 숨기고 있다.

그 체험을 한 후, 나에게 두 가지 명확한 변화가 생겼다. 첫째는 숲에 들어갈 때마다 일종의 황홀감을 느끼게 되었다는 것이다. 숲의 나무들과 풀, 꽃 사이에 큰 교류가 일어남을 알 수 있었다. 마을의 소녀들이 말했던 정령의 작용을 이론이 아닌 몸으로 느낄 수 있게 된 것이다. 숲에서 혼자 야마를 하는 사람들의 깊은 황홀감을 처음으로 나도 느꼈다.

둘째는, 지금까지 어떻게도 해결되지 않았던 문제가 한꺼번에 해결되었다. 내가 고민하던 문제는 두 가지였다. 하나는 연애, 또 하나는 집안 문제였다. 후자는 개인적인 노력으로는 해결할 수 없는 심각한 문제였다. 그러한데 일본에 돌아오자 마치 다른 세계처럼 가족에게 변화가 일어났고, 문제가 전혀 없었던 것처럼 자연스럽게 해결되었다.

그러고 보니 그 마을에는 나와 같은 문제로 고통 받는 사람은 없었다. 나는 일본 사회에서 자랐고 남녀라는 것은 서로 사랑하거나 한쪽이 증오하는 성질을 가진다고, 그렇게 의식하지 않으려 해도 그렇게 믿고 있었다. 대부분의 복잡미묘한 남녀관계를 보면서, TV 드라마를 보면서 그것이 인간의 모습이라고 생각했다. 그러나 이 마을에서 생활하는 동안 나의 그러한 인간관은 어이없이 무너졌다. 이 마을에서 나는 복잡미묘한 남녀관계를 단 한 번도 본 적이 없었다. 그뿐인가, 일본에서는 자주 볼 수 있는 그 흔한 남녀의 사소한 말다툼도 볼 수 없었다. 축제에서 몸소 체험한 충만한 사랑 속에서 자란 그들은 사랑에 굶주리거나, 사랑을 갈망하거나 하는 일은 없다. 그렇기 때문에 상대에게 무언가를 원하거나, 불만을 갖는 일도 없고, 반대로 사랑을 주는 것이 당연하다고 생각한다. 그러한 그들의 충만한 의식이 자연적으로 이상적인 남녀관계를 만든다.

그 마을에서의 체험 이후, 나는 일본 사람들이 사랑에 굶주린 모습을 볼 수 있었다. 마을 사람들은 이성을 사로잡아 자신의 것으로 만든다든지, 자신의 마음을 고백하려 한다든지, 그러한 개인적인 의사로 이성에게 다가가는 일은 하지 않는다. 축제에서 나도 몸소 체험했듯이, 의식과 의식이 서로 통하는 그들은 사랑이라는 것은 공감에서 생기는 것이기 때문에 한쪽에 그 의식이 생길 때는 상대에게도 생기는 것을 알고 있다. 그렇기 때문에 새삼스럽게 말로 표현하지 않아도 상대를 좋아한다고 생각하면 그 마음이 전달된다. 문명사회의 사람들처럼 짝사랑으로 괴로워하는 모습은 어디에서도 찾아볼 수 없다.

이러한 보이지 않는 사랑의 차원에서 만나야 할 사람을 찾아내는 그들이 모두 행복한 것은 당연하다. 그들을 보고 있으면 인간은 처음부터 만나야 할 이상적인 이성이 정말 있다는 생각이 든다. 일본에서는 '붉은 실'(중국의 설화집 〈태평광기〉 중 〈정혼점〉에 실린 이야기로 혼인할 남녀의 인연을 맺어주는 노끈)의 이야기가 꿈같은 이야기라고 하지만, 이 마을에서는 당연한 현실이다. 그렇기 때문에 빨리 결혼하고, 늦어도 14~15살 때 원하는 상대와 자연스럽게 맺어진다. 그들을 보고 있으면 그 나이에 맺어지는 것이 지극히 자연스럽다.

소유욕과 질투심으로 상대를 속박하는 관념이 없는 그들은 상대와 맺어진 후에도 다른 이성과도 조화로운 친밀한 관계를 유지한다. 그들에게는 우리처럼 결혼이라는 제도가 없다. 법률과 정부에 의한 결혼제도가 없지만 일부일처를 기본으로 하되 상황에 따라 일부다처는 물론, 한 사람의 여성에게 복수의 남성이 있는 경우도 있고, 부부가 함께 살지 않고 어느 한쪽이 찾아가야만 만나는 혼인 형태도 있다. 여러 가지 결혼 형태가 자유롭게 존재하면서도 전체적으로는 훌륭한 균형을 유지하고 있다.

마치 모든 것이 하나로 통일된 생명체의 복잡한 조직처럼 남녀관계가 완벽할 정도로 조화로운 것은 역시 하나의 중심에 마을 사람들 모두의 의식이 연결되어 있기 때문이다. 그들은 마을의 모든 이성과 깊은 일체감으로 맺어져 있다. 그들의 일상은 스킨십이 넘쳤다. 마치 모든 사람이 마음이 통한 연인이었다. 그렇다고 해서 다른 이성과의 스킨십에 질투를 느끼지는 않았다. 이성에 대한 소유관념이 없는 것이 반대로 이러한 자유로운 일체성을 낳는 것이다. 그것은 인간 이외의 존재에 대해서도 마찬가지였다. 재산을 독차지하려 하는 일도 없고 재산이라는 관념 자체가 없었다.

사랑의 모든 것을 실현시키는 것은 단순히 남녀의 사랑 그 자체가 아니라 모든 것을 포괄하는 사랑(대도)이며, 그것을 지탱하는 것이 바로 그들의 축제이다! 문명인은 이 사랑의 본질인 궁극의 道를 잃어버린 채 살아가고 있다. 그래서 사랑을 갈구하지만 얻을 수 없는 것이다.

나는 지금까지 이상적인 이성을 만나기를 원하면서도 정말 통하는 상대를 만나지 못해 고민했다. 그러나 여행에서 돌아오자마자 특별히 상대를 원한 것도 아닌데, 내가 지금까지 이상적으로 생각해왔던 사람을 우연히 만났다.

그녀는 원주민 문화에 관심을 갖고 있던 여성이다. 당시 고대 생활이 남아 있던 대만의 아미족 마을에서 나와 비슷한 경험을 하고 왔다. 내가 도쿄에 있는 작은 식품점에서 물건을 사고 있을 때 그녀가 먼저 말을 걸었고, 그것이 계기가 된 우연한 만남이었다. 노인은 궁극의 도에 도달했을 때, 진짜 남녀의 만남이 실현될 것이라고 말했는데 정말 그대로 된 것이 놀라웠다.

나는 그 체험 이후 사람들이 왜 이렇게 돈에 굶주리고 권력에 굶주리는지 그 심리도 알게 되었다. 문명인의 물질욕은 사랑의 대가이다. 인간의 마음에는 정신세계와 물질세계를 혼동하는 성질이 있다. 이성을 자신의 것으로 만드는 것이 사랑을 얻는 것이라고 착각하는 심리는 물질을 손에 넣는 것이 사랑을 얻는 것이라고 착각하는 것과 똑같다. 백화점에서 물건을 구입함으로써 마음이 채워지는 심리가 그 안에 숨어 있다. 문명사회에서는 그러한 사람들이 소유욕이라는 도착된 애욕을 발전시켜 왔다. 그러한 도착적인 애욕의 포화점에서 나타난 제도가 현대의 자본주의이다.

사랑이 충만하지 못한 심리가 만드는 것은 권력욕이기도 하다. 다른 사람을 자신의 것으로 만드는 것이 사랑이라고 착각하는 심리는 많은 사람들을 자신의 것으로 만들고, 부하를 거느리는 것으로 쾌감을 느낀다. 잠재심리는 그것을 많은 사랑을 얻은 것이라고 착각한다. 이 도착적인 애욕이 권력욕이라고 불리는 문명인 특유의 욕망이다. 권력욕이 왕성한 사람일수록 과거에 충분한 사랑을 받지 못한 경험을 갖고 있다. 이렇게 무수한 권력욕이 권력욕과 충돌해 분쟁이 분쟁을 낳는다.

증오, 파괴, 분쟁, 고독, 병적인 심리 등 문명사회의 모든 비극은 단 한 가지가 결여되어 생긴다. 그것은 진정한 사랑이다. 사랑이 중심이 되어야 하는 것이 결여되어 생긴 비극이다.

마을 사람들에게는 우리와 같은 권력욕과 물욕 따위는 조금도 없었다. 당연히 그들의 사회에는 우리 사회와 같은 비극도 없다. 그것은 처음부터 진정한 사랑에 충만해 있기 때문이다. 사람의 중심이 되는 한 가지를 잃어버리지 않았기 때문이다. 욕망이라는 것은 얻을 수 없는 사랑의 대가로 생긴다. 진정한 사랑이 있는 곳에 욕망은 생기지 않는다. 그리고 진정한 사랑은 개인의 성을 초월한 성스러운 성, 궁극의 道를 통하지 않고는 생길 수 없다. 나는 그것을 인류의 원초적인 존재가 기적적으로 남겨놓은 그 마을의 축제에서 배웠다. 나에게 그 체험은 병든 문명인 중의 하나였던 내가 자연적인 인간으로 복귀한 비법이기도 했다.

현대문명이 직면하고 있는 모든 문제는 모두 이 '욕(欲)'을 해결하면 대부분 해결할 수 있는 것들이다. 인류가 화합 단결하면 어려울 것이 없는 환경문제, 전쟁문제, 황폐해진 인간관계, 그러한 모든 것은 비정상적인 애욕에서 생겨난 것이다. 마을에서 얻은 체험은 현대사회가 안고 있는 큰 문제를 한 번에 해결할 수 있는 방법론을 간직하고 있다.

모든 비정상적인 심리는 왜곡된 사랑에서 생겨나고, 그 비정상적인 심리는 특별한 범죄자의 심리가 아닌, 문명사회의 누구나 갖고 있는 극히 평범한 심리이다. 그 체험 이후, 나는 일본인이 비정상적이라고 생각하지 않았던 극히 평범한 감정들조차도 대부분 도착된 애욕에서 나온 것이라는 사실을 알게 되었다. 질투심과 경쟁심, 우월감 혹은 정의감조차도 그 내면에는 왜곡된 애욕의 심리가 숨어 있다. 문명인이 겪는 대부분의 분쟁은 이 병적인 정의감에서 비롯된 것이다. 누군가에게 상처를 주는 것으로밖에 행복을 느낄 수 없는 우월감의 심리도, 문명인의 병적인 심리의 전형이다. 지금까지는 간과하고 있었던 이러한 감정이 병적이라는 것을 나는 언젠가부터 식별할 수 있게 되었다.

　노인은 "사랑은 사랑을 부르고, 감사는 감사를 부른다"고 말했다. 혹은 도시 사람들에 대해 이야기할 때는 "불만은 불만을 낳고, 증오는 증오를 낳는다"고 말했다. 그러한 것이 어떤 마음의 구조와 작용으로 생기는 것인지 알 수 있게 되었다. 인식이 있는 곳에 비극은 생기지 않는다. 문명인은 이러한 심리를 인식조차 하지 못하기 때문에 문제의식조차 갖지 않는다. 그것이 마을 사람들과의 큰 차이이다.

　이렇게 보이지 않던 것이 보이게 된 사람으로서의 인식의 확대를 옛날 사람들은 깨달음이라 했다. 그러나 언젠가부터 깨달음이라는 말도 종교세계에서는 종교자의 권위를 높이기 위해 사용되어 왔다. 깨달음이 무언가 특별한 사람들의 전유물이 되었다. 마을에는 그러한 권위자는 없고 인간 본연의 모습만이 존재한다.

우리 사회에서는 모든 동물 중에서 인간만이 자연을 파괴하고, 인간만이 불필요하게 다른 생명을 빼앗고, 인간만이 영리한 생각을 갖고 있다고 흔히 말한다. 그러나 그들은 그것이 잘못된 생각임을 증명해주었다. 인간으로서의 그들은 모든 생명체 중에서 가장 생명을 소중하게 여기고, 가장 고도로 자연과 조화를 이루고 있다. 무엇보다도 생명으로서의 빛을 가장 아름답게 비춘다.

이것이 인간으로서의 진보가 아니고 무엇이겠는가? 아니, 그들은 사람으로서의 진보 이전에 생명으로서의 정당한 진화를 달성했다. 그것은 만물의 영장다운 진화이다.

우리는 외부 세계로만 눈을 돌리고, 그것을 향상시키는 것을 진보라 생각해 왔다. 그러나 이러한 진보를 진보라고 믿는 사회는, 예를 들면 텔레비전이 생김으로써 가족과의 단란한 시간이 없어지고 영상 중독에 빠져 그 부분을 채울 무언가가 필요하게 되었다. 또한 차가 많아져 공기가 오염되고 교통사고가 늘어났고, 다리와 허리가 약해졌으며 역시 이 부분을 채워줄 것이 필요했다.

이와 같이 복잡하기만 한 사회가 되었다. 텔레비전이 있고 차가 있는 우리가 생각하는 인류 진보의 개념은 항상 그러한 복잡한 사회를 지향하는 외적 발전이 전부였다. 그리고 그러한 기준으로 그들의 문화를 뒤처진 문화라고 폄하하고, 우월감에 젖어 왔다. 그렇게 토끼와 거북이 이야기처럼 앞서 가고 있다는 사실을 잊어버렸고, 잊어버린 것조차도 알지 못했다.

그들은 가장 중요한 인간이라는 존재 그 자체의 길을 열심히 걸어왔으며, 우리가 따라갈 수 없을 정도로 진보시켜 왔다. 사실 그들이야말로 우리보다 더 첨단을 달리고 있으며, 진보된 사람들이다. 나는 그렇게 확신한다. 그들이 진보의 길을 확실하게 걸어온 것은 그 하나로 모든 것을 계승하고 모든 것을 소중히 키울 수 있는 초월적 체험의 문화를 지켜온 까닭이다.

제13장

드디어 밝혀진 노자의 성 암호

-태고의 성과 우주에 대한 초의식

문명세계의 사람들은 노자가 말하는

'하나'의 세계에서 너무 멀어지려 하고 있다.

그러한 부조화는 최근 몇 년간 정점에 달했다.

나는 2,500년 동안 우리가 지켜온 비밀을

개봉해야 할 때가 왔다고 판단했다.

세상에는 다양한 민족과 다양한 문화가 있다. 그러나 역사를 돌이켜 보면 어떤 한 시대부터 인류에게는 공통적인 문화의 모습이 나타난다. 학자들이 애니미즘이라고 이름 붙인 만물의 신성을 인식하는 문화이다.

　이 인류 보편적인 문화의 시대에 널리 행해졌던 신앙을 성기신앙이라 한다. 신앙의 장으로서 현대에는 신사나 절이 있는데 시대를 거슬러 올라가면 신사나 절은 없었다. 성스러운 장소의 중심에는 남성의 성기와 여성의 성기를 본뜬 것이 놓여 있었다. 성기를 형상화한 모형에 지나지 않지만 그것을 통해 모든 것의 중심인 '성' 그 자체를 경외시한 것이다.

현대의 종교는 성에 의식하는 것은 '번뇌'라고 말한다. 그러한데 태고시대에 성은 신에게 가장 가까이 갈 수 있는 마음이라고 여겼다. 성을 타락으로 빠지는 길이라고 생각하는 현대의 모든 종교와, 신에게 가는 입구로 인식하는 세계 보편적인 태고의 우주관과의 대조성은 무엇을 말하고 있는 것일까?

현대인은 성을 멀리하는 한편, 그 욕망을 점점 키워 발산시키는 욕망으로서의 성문화를 만들어냈다. 표면적인 세계에서는 성을 멀리해, 성은 이면의 거대한 욕망의 문화로서 사람들을 마성처럼 유혹하는 시대가 되었다.

태고의 그들에게는 성의 이면성은 없었다. 성은 그들에게 항상 중심이 되는 것이었다. 인간의 감성과 풍요로운 마음이 그곳에서 나오는 것일 뿐 아니라 우리가 모르는 감각의 경로 역시 그곳에서 나오는 것을 알고 있었던 것은 아닐까?

나는 레오나르도 다 빈치에 대해서는 잘 모른다. 그러한데 '최후의 만찬'에서 예수의 옆에 앉은 사람이 요한으로 보이지만 실제로는 막달라 마리아라 한다. 하나의 그림에 보여주기 위한 내용과 진짜 담고 싶은 내용을 함께 표현한 수법은 노자가 〈노자〉를 쓴 방법과도 같다. 또한 '암굴의 성모'라는 그림에서는 완전히 같은 구조의 그림이 두 장 그려져 있는데, 그중 한 장에 암호로 사상적 주장이 담겨 있다.

노자는 하나의 문장에 상식적으로 아무 문제가 없는 내용과 일반적인 상식으로는 받아들이기 힘든 내용을 모두 담았다. 완전히 같은 문장이지만 하나는 그의 주장대로, 또 하나는 가장된 것이다.

이것은 다 빈치가 기독교 사회에서 받아들여지지 않았던 '암굴의 성모'와 그렇지 않은 그림을 그려 가장한 것과 비슷하며, 그러한 수법으로 그려진 사상 그 자체도 많이 닮았다. 공통점은 말할 필요도 없이 '성'이다. 다 빈치가 살았던 사회는 기독교 사회였다. 세상 사람들은 교회의 사상대로 매사를 믿었다. 그에 대해 그가 그림을 통해 주장한 내용은 기존의 권위를 붕괴시킬 수 있는 성질을 담고 있다. 당시 교회에서는 성에 대한 부정적인 가치관을 갖고 있었기 때문에 마치 성경험이 없는 예수상과 성경험 없이 탄생한 예수를 그릴 필요가 있었다.

그러나 다 빈치는 그 사상의 어리석음을 충분히 간파하고 있었다. 그리고 그것을 그림이라는 암호를 통해 지적하려 했던 것이다. 노자도 마찬가지였다. 그가 살았던 사회는 유교적 사상이 세상의 권위사상이었던 중국 사회였다. 그러한 가운데 다 빈치가 교회의 권위에 의해 자신의 사상이 말살되는 일이 없도록 하기 위해 그 사상을 그림 안에 숨기면서까지 세상에 전하려 했듯이, 그는 유교의 권위에 의해 자신의 사상이 말살되는 일이 없도록 하기 위해 그 사상을 문장 속에 숨겼다. 다 빈치가 탄생하기 2,000년 전의 시대에 노자는 그와 같은 방법으로 후세에 메시지를 남겨놓은 것이다.

다 빈치가 주장한 것은 성을 시인하는 것이었다. 성을 부정하는 사회에서 성이 결코 신과 사람을 갈라놓는 것이 아니라는 것을 그림에 담았다. 노자도 마찬가지이다. 아니, 그의 주장은 더 깊은 것이었다. 그의 주장의 핵심은 성에서 눈을 돌리는 것이 아닌, 성을 깊이 바라보고 그것이 무엇인가를 깊이 연구하는 것에 의해 인간성의 회복을 도모하는 것이었다.

다 빈치와 노자는 권위사상에 의해 말살된 인간의 자연적인 모습과 아름다움, 존엄성을 때가 오면 소생시킬 수 있도록 씨를 뿌린 선구자이다. 그 씨가 죽지 않도록 몰래 뿌려둔 것이다.

안타깝게도 문명사회의 종교에서는 생명에 있어 가장 존귀하게 여겨야 할 성이 가장 멸시당하는 대상이 되었다. 성에 대해 언급하는 것은 비도덕적이라고 여겨질 정도로 성은 멸시받는 존재가 되었다.

노자는 원시의 성 인식을 문명사회에 복귀시키려 한 최초의 사상가이다. 문명사회의 사상은 말로 성립되고 문자는 그것을 절대 선으로 고정시켜 버린다. 그러한 가운데 문자에 얽매이지 않는 성에 대한 원시 종교인식을 도리어 문자라는 기호를 통해 부활시키고자 한 인물이 바로 노자이다.

그러나 이 사실은 오늘날 누구에게도 알려지지 않은 채 봉인되어 왔다. 그는 그것을 문명사회의 사상가들이 쉽게 알지 못하도록 훌륭한 암호로 표기했다. 이후 그의 광대한 사상은 잘 봉인되어 있었고, 봉인을 풀어줄 사람이 나타나지 않아 2,500년이라는 시간이 흘렀다. 만물이 음양으로 성립되듯이 인류 전체에도 음양의 원리가 작용한다. 동양에서 일어난 것은 서양에서도 일어난다. 그 반대도 또한 진리이다. 다 빈치는 서양의 노자이다. 노자는 동양의 다 빈치이다. 그가 그러하듯이 노자의 봉인도 풀려야 할 때가 도래했다.

여행의 마지막이 가까워진 어느 날 노인은 이렇게 말했다.

"지금 문명세계의 사람들은 노자가 말하는 '하나'의 세계에서 너무 멀어지려 하지. 자연 파괴도, 국가 간의 분쟁도, 사람간의 분쟁도, 모든 것이 그 결과에 지나지 않네. 그러한 부조화는 최근 몇 년간 정점에 달했지. 나는 2,500년 동안 우리가 지켜온 비밀을 개봉해야 할 때가 온 것이라고 판단하네. 그 비밀을 전수한 것도 그 때문이지.

그대는 내가 선택한 사람이네. 이 세계가 부조화의 정점에 달했을 때 꼭 그대의 힘으로 이 진실을 사람들에게 전달해주게. 그대의 나라에, 그리고 전 세계에 널리 알려주기를 바라네. 그리고 인간으로서의 원점을 깨달을 수 있도록, 진정한 조화의 원리를 깨달을 수 있도록 사람들을 이끌어주게. 비웃음거리가 될지도 모르지만 세상에는 받아들일 준비가 되어 있는 사람들도 분명 많다네."

제14장

이별의 시간

−생명과 영혼의 환희, 끝없는 황홀경에 빠져

몸이 열린 것과 같이

그녀들은 마음도 활짝 열렸다.

그러한 그녀들과 일체감을

공유하고 있는 이 독특한 감각은

무엇이라 표현해야 좋을지,

나는 이 행복감을 적절하게 표현할 말을 찾지 못했다.

우연한 만남을 통해 〈노자〉의 비밀을 알게 된 지 27년이 흘렀다. 그동안 나는 일본에서 바쁜 나날을 보냈고, 그 마을을 다시 방문하지는 않았다. 지금도 마을 사람들은 인류의 귀중한 문화를 지켜 나가고 있을 것이다. 마지막으로 여행을 끝내려 했을 무렵의 추억에 대해 들려주고자 한다.

마을 사람들은 처음부터 나에게 친절했지만 축제를 경험한 후 그들과 나는 완전한 일체감으로 맺어졌다. 여행이 끝날 무렵 어느 날, 처음에 만났던 멘라와 소녀 5명이 나에게 목욕을 하러 가자고 했다.

마을에서 강까지는 가까운 거리였으나 우리는 좁고 한적한 길을 걸어 강으로 향했다. 강에 도착하자 그녀들은 옷을 벗고 먼저 들어가 나에게 손짓을 했다. 나도 벌거벗은 채 강으로 들어갔다. 물이 기분 좋게 시원하고 청량했다. 그녀들은 투명하고 맑은 물속에 잠수하거나 수영하면서 떠들어댔다. 나도 어느새 수영을 하면서 떠들고 있었다. 옷을 입지 않은 모습이 마음의 세계를 상징하듯 우리 사이에 벽은 전혀 없었다.

나는 이때 몸과 마음이 해방감에 넘치는 것을 느꼈다. 문명사회에서는 누구나 마음속에 다른 사람에게 들키고 싶지 않은 비밀을 품고 있다. 그러나 그녀들은 그러한 것이 전혀 없었다. 그녀들은 몸이 열린 것과 마찬가지로 마음을 활짝 열었다. 그리고 그러한 그녀들과 일체감을 공유하고 있는 이 독특한 감각을 무엇이라 표현해야 좋을지, 나는 이 행복감을 적절하게 표현할 말을 찾지 못했다.

잠시 후, 그녀들은 노래를 부르기 시작했다. 노래라 해도 문명인이 생각하는 그러한 노래가 아니었다. 그녀들의 노래는 전신에서 세차게 뿜어져 나오는 영혼의 울림이었다. 느린 가락은 끝없이 투명한 주위에 퍼져 나갔고 엄숙하기도 했다. 그 울림에 맞춰 그녀들은 천천히 물을 퍼올리는 듯 양손을 눈높이까지 올리고 노래를 계속 불렀다.

물의 신께 감사 기도를 드린 것이라고 나중에 들었다. 하지만 설명해주기 전에 이미 그녀들의 경외시하는 태도를 보고 알 수 있었다. 부드러운 손 동작부터 허리까지의 선이 우아하게 움직였다. 물에 젖은 긴 머리카락의 빛나는 아름다움, 대자연 속에 울려퍼지는 목소리, 이보다 더 맑고 깨끗한 세계는 없었다.

영혼의 아름다움을 이길 수 있는 것은 없다. 그렇게 생각하지 않을 수 없었다. 나의 이 감동은 단순히 시각적인 아름다움만으로는 받을 수 없는 감동이다. 나는 그녀들의 영혼의 순수함과 만나고 있는 것이었다.

그녀들은 깊은 행복감을 알고 있었고 그 행복이 몸에서 자연적으로 저절로 배어 나왔다. 또한 자연이 주는 기쁨을 자연에게 돌려주고 자연을 기쁘게 해주려 했다. 실제로 그녀들의 춤으로 인해 주위의 공기와 대자연은 빛이 났다. 우리는 감사하는 마음을 고맙다는 말로밖에 표현할 수 없지만 그녀들은 인간 본연의 모습으로 감사하는 마음을 표현했다.

물은 여성에게 가장 중요한 정령이다. 지금까지 물을 단순히 하나의 물질로 생각했던 나 자신이 부끄럽게 여겨졌다. 나도 분명 기분 좋게 시원한 물과 일체감을 느꼈다. 물은 생동감이 있었다. 기분 좋은 바람을 가져오는 내 주위의 공기들도 모두 쉬지 않고 살아있었다. 작은 새들의 지저귐도 단순한 소리가 아니라 기쁨을 전하는 노래로 들렸다. 멀리 펼쳐진 산들도 나의 영혼의 모습처럼 느껴졌다.

천진난만한 그녀들의 눈과 자연스럽게 마주칠 때마다 이 감각의 몇 배나 되는 감촉을 느낀다. 나이는 어리지만 그녀들의 눈에서 누구보다도 큰 포용력을 느끼는 것은 그녀들의 이 감각이 나의 그것보다도 더 크기 때문이다. '온화함'이라는 말 한마디로 표현하기에는 너무도 부족할 정도로 지금까지 느낀 어떤 것과도 비교할 수 없을 정도의 '온화함'을 그녀들을 통해 알게 되었다. 그녀들과 몸을 초월한 교류를 통해 나의 영혼은 원하는 것을 모두 얻었다. 노자가 왜 '성'과 '진실한 삶'을 하나로 표현했는지, 지금의 나는 그 의미를 누구보다도 더 잘 안다.

그렇게 상당한 시간이 흘렀다. 그녀들 중 한 명이 강에서 해변으로 향했다. 한 발자국씩 모래를 밟으면서 걸어가는 물에 젖은 날씬한 다리는 나보다 건강하고 햇볕에 그을려 아름답게 빛났다. 나체로 걷는 그녀들의 작은 뒷모습과 넓은 강가의 풍경이 또 참을 수 없이 온화하고 사랑스러웠다.

다 함께 강가로 올라간 후 가장 나이가 어린 멘라가 오더니 봉지를 나에게 내밀었다. 수줍게 웃는 얼굴에서 선물이라는 것을 알았다. 열어 보니 그녀들이 정성 들여 만든 옷과 그녀들이 하고 있는 것과 똑같은 나뭇잎으로 만든 허리에 두르는 옷이었다.

그녀들은 목욕할 때는 천으로 된 옷보다 자연재료로 만든 치마를 입고 오는 경우가 많다. 젖은 채로 입고 있어도 괜찮기 때문이다. 곧 나와 헤어지게 될 것을 알고, 나무의 정령에게 지켜달라는 기도를 담아서 만들어준 것이다. 나는 그 옷을 입고 그녀들과 나란히 돌아왔다.

생각해보면, 마을 사람들과 똑같은 옷을 입은 적은 없었다. 이번이 처음이었다. 같은 옷을 입고 있다는 사실이 나는 이상할 정도로 기뻤다. 나는 태어나서 처음으로 자연 그대로의 인간으로 돌아간 것이다. 마을 사람들에게 친구로 인정받았다는 기쁨이 들었다. 단지 같은 길을 같은 옷을 입고 걸었다는 사실만으로도 나는 끝없는 행복감에 젖었다.

원문 〈노자〉

-성(聖)스러운 성(性)

〈노자〉는 본래 하나의 문장이 음과 양 2가지 의미로 해석되도록 쓰여졌다. 음(이면적인 의미)과 양(표면적인 의미)을 합쳤을 때 노자가 말하는 참된 의미를 깨달을 수 있다.

태고의 잃어버린 성 우주관을 계승한 노자는 성스러운 것에서 인간을 보고 우주를 보았다. 그렇지만 이 사실은 전혀 알려지지 않았다. 왜냐하면 그는 모든 것을 암호화해 기술했기 때문이다.

1. 궁극의 도

道可道非常道 (도가도비상도)

名可名非常名 (명가명비상명)

無名天地之始 (무명천지지시)

有名萬物之母 (유명만물지모)

故常無欲以觀其妙 (고상무욕이관기묘)

常有欲以觀其徼 (상유욕이관기요)

此兩者, 同出而異名 (차량자, 동출이이명)

同謂之玄, 玄之又玄, 衆妙之門 (동위지현, 현지우현, 중묘지문)

(1장)

도를 도라고 할 수 있는 것은 영원한 도가 아니며

이름을 이름이라 할 수 있는 것은 영원한 이름이 아니다.

이름이 없는 것은 천지의 시작이요,

이름이 있는 것은 만물의 어머니다.

그러므로 항상 욕심이 없으면 그 오묘함을 보고,

항상 욕심이 있으면 그 가장자리를 본다.

이 둘은 같은 곳에서 나왔으나 이름만 달리할 뿐이니

이를 일러 현묘하다고 한다.

현묘하고 또 현묘해,

모든 묘함이 나오는 문이다.

이면적인 의미

나는 지금부터 성(性)의 비밀에 대해 말하고자 한다.

그렇다고 해서 사람들이 흔히 하는

일반적인 섹스에 대해 말하고자 하는 것은 아니다.

궁극의 성이란, 우주를 만든 이름조차 없는 본질이다.

사람들이 알고 있는 섹스는

그 본질의 실제와 비슷한 체험을 하는 것에 지나지 않는다.

그렇기 때문에 정욕적 차원을 초월해

성 그 자체의 본질을 보는 것이다.

사람들이 알고 있는 일반적인 성의 쾌락을 초월해

심오한 극도의 행복감의 세계가 그 안에 있다.

당신들은 한때의 섹스에도 엄청난 매력을 느끼면서

그보다 몇 배나 심오한 세계를 왜 알려 하지 않는가?

그것이야말로 궁극의 성,

즉 삼라만상을 초월한 진정한 행복의 영역이다.

나는 지금부터 그 궁극의 사랑(엑스터시)으로 가는 길을

알려주려 한다.

표면적인 의미

이것이 도라고 말할 수 있는 도는 절대적인 도가 아니다.

이 우주는 이름이 없는 작용에서 생성된 것이다.

그러나 하나하나의 존재는

그 작용에서 생성된 이름 지어진 작용이 만든 것이다.

그러므로 무욕이 되면 그 오묘한 작용이 보이게 된다.

욕이 있는 한 대립하는 표면적인 세계밖에 보이지 않는다.

그 이름 있는 영역도 이름 없는 영역도

같은 근원에서 나왔지만 이름이 있느냐 없느냐 그 차이가 있다.

이 깊은 작용의 가장 깊은 곳에 있는 작용이

만물을 생성하는 것이다.

표면적인 의미+이면적인 의미

이것이 진실의 도라고 말로 표현할 수 있는 도는

결코 불변의 절대 진리가 아니다.

그러한 말로 이해할 수 없는 것은 없는 것이다.

그러나 그러한 진실의 도를

누구나가 항상 볼 수 있는 순간이 있다.

그것은 머릿속의 세계와는 정반대에 있는 성의 체감이다.

그러나 이것 또한 진정한 도의 모형에 불과하다.

사람들이 알고 있는 도(성행위와 그에 동반하는 엑스터시)는

진정한 도의 모방적인 표현에 지나지 않는다.

그 안의 숨겨진 불변의 우주의 작용, 그것이 진정한 도이다.

그것이야말로 모든 것을 초월한 궁극의 도이다.

2. 엑스터시를 이끌어내는 방법

孔德之容 惟道是從 (공덕지용 유도시종)

道之爲物 惟恍惟惚 (도지위물 유황유홀)

惚兮恍兮 其中有象 (홀혜황혜 기중유상)

恍兮惚兮 其中有物 (황혜홀혜 기중유물)

窈兮冥兮 其中有精 (요혜명혜 기중유정)

其精甚眞 其中有信 (기정심진 기중유신)

自古及今 其名不去 以閱衆甫 (자고급금 기명불거 이열중보)

吾何以知衆甫之狀哉 以此 (오하이지중보지연재 이차)

(21장)

큰 덕의 형태는 오직 도만을 따른다.

도라는 것은 있는 듯 없는 듯 황홀하다.

황홀하지만 그 안에 형상이 있고

황홀하지만 그 안에 실물이 있다.

그 안에는 참된 정기가 있고, 그 안에는 신의가 있다.

예부터 지금에 이르기까지

그 이름이 사라지지 않고 만물의 시초가 태어난다.

내가 어떻게 만물의 시초를 알겠는가,

이러한 것(도)에서 알게 되었을 뿐이다.

이면적인 의미

여성의 성기(덕)의 구멍(공)의 그릇은

남성의 성기(도)를 넣는 법에 따라 달라진다.

남성의 성기를 넣으면 황홀(엑스터시)해지며

모든 것을 맡기게 된다.

정자(정)를 방출하면

그저 황홀해 그것을 받아들인다.

황홀경을 느낄 때야말로

깊고 신비한 구멍 속(요혜명혜)에 정액은 방출되는 것이다.

기만할 수 없는 확실한 창조를 하는

이 성스러운 현상 속에서 나는 지고한 진실을 본다.

시대를 초월한 불변의 하늘의 본질이 그곳에 있고,

그것은 모든 것을 통치하는 힘이기도 하다.

나에게 어떻게 모든 법칙을 아느냐고 묻는다면

그것은 이 성스러운 작용 속에서 모든 것을 보기 때문이다.

표면적인 의미

큰(공) 도를 얻은 자(덕)의 모습(용)은

근원적인 진리(도)만을 따른다.

도는 얻기 힘들어 희미한(유황유홀) 차원에서

형태가 있는 세계를 만들어낸다.

그 깊은 곳(요혜명혜)에서야말로 영묘한 작용(정)이 생기는 것이다.

그 정기는 이 이상이 없고 진실하며

그중에 확실한 것이 있다.

예부터 지금에 이르기까지 그 이름을 잃어버린 적이 없다.

그것은 모든 것을 총괄하는 장로와 같은 존재이다.

모든 법칙을 어떻게 알 수 있냐고 묻는다면

그것은 이것(도의 작용)에 의한 것이다.

표면적인 의미+이면적인 의미

진정한 덕이 있는 사람은 도에게 모든 것을 내어준 사람뿐이다.

그는 마치 남성에게 모든 것을 내어준 여성과 같다.

여성이 황홀한 쾌감 속에서 정자를 받아들이듯이

극도의 행복감에 빠져 있는 사람은

우주의 본질적인 지혜(정)에 동요되어

그 기쁨에 떨게 된다.

미미한 정자가 실수하지 않고 인체를 만들어 가듯이

보이지 않는 정(지혜)은

모든 것을 (있어야 할 곳에 있도록) 인도한다.

이 정이야말로 모든 현상을 초월한 영원불변의 본질이다.

나에게 어떻게 모든 법칙을 아느냐고 묻는다면

그것은 성스러운 정을 초월한

이 성스러운 정에 의함이다.

3. 천지합일

天門開闔 能無雌乎 (천문개합 능위자호)
明白四達 能無爲乎 (명백사달 능무위호)
生之畜之 生而不有 (생지축지 생이불유)
爲而不恃 長而不宰 (위이불시 장이부재)
是謂玄德 (시위현덕)

하늘의 문을 열고 닫음을 여인 같이 할 수 있느냐,
사방을 환히 밝히되 스스로 아는 바가 없을 수 있느냐.
낳고 기르되 소유하지 않는다.

(10장)

이면적인 의미

성기를 열었다가 닫았다가 하면서
엑스터시에 달한 여성을 보라.
그녀는 몸 전체가 극도의 행복감에 충만해
사방팔방의 세계와 하나가 되어

모든 것을 감득하면서도

무엇에도 얽매이지 않는 존재가 되어 있다.

생명은 이러한 가운데 태어나는 것이다.

천지와 하나인 그녀는

그러한 우리 아이를 진심으로 키우되 소유하지 않는다.

무엇을 하더라도 자신의 공으로 돌리지 않고

사람에게 흠모 받더라도 뽐내며 으스대지 않는다.

이러한 여성의 모습이야말로 신비한 여성, 즉 '현덕'이다.

표면적인 의미

천문(=하늘로 인도하는 눈에 보이지 않는 문)을

열고 닫을 수 있는 여성(원시 샤먼적 여성)과 같은 것이다.

의식을 각성하고,

무엇이든 잘 알면서 무지한 자와 같은 것이다.

그러한 사람은 낳거나 기르거나 하더라도

자식을 소유하려 하지 않는다.

좋은 일을 하더라도 공치사 하지 않는다.

사람의 위에 있어도 지배하려 하지 않는다.

이것을 나는 '현덕', 즉

깊은 도를 얻은 존재라 한다.

표면적인 의미＋이면적인 의미

하늘과 연결되는 경지는 안겨 있는 여성에 한없이 가깝다.

그렇기 때문에 안겨 있는 여성과 같이 의식을 해방하는 것이다.

그렇게 하면 모든 것을 감득하는

지식 등은 필요 없는 차원에 도달하는 것이다.

그러한 성스러운 성에 도달한 자는 모든 것을

사심 없이 품어 기른다.

아무리 자기 자식일지라도 자기 자식을 소유하려 하지 않는다.

(그렇기 때문에 하늘과 연결되는 마음이 넓은 아이가 자라는 것이다.)

어떠한 훌륭한 일을 하더라도

모든 것은 하늘의 뜻이라고 생각하고 자만하지 않는다.

(그렇기 때문에 겸허하게 조화를 이루고 사랑을 받는 것이다.)

사람의 위에 있더라도 타인을 지배하려 하지 않는다.

(그렇기 때문에 사람들에게 진정한 행복을 주는 것이다.)

내가 말하는 '현덕'은 여성이 남성에게 몸을 맡기는 것과 같이 하늘에 모든 것을 맡기는 극도의 행복감이다.

4. 형태 없는 성

反者道之動 (반자도지동)

弱者道之用 (약자도지용)

天下萬物生於有 (천하만물생어유)

有生於無 (유생어무)

(41장)

거꾸로 가는 것이 도의 운동이다. 약한 것이 도의 운용이다.

천하의 만물은 유에서 생기고,

유는 무에서 생긴다.

이면적인 의미

(만물은)

딱딱하게 발기된 남성의 성기와 같은

능동적인 작용(양)과

그것을 받아들이는 연약한 여성의 성기와 같은

수용적인 작용(음)의

상반된 상호작용에 의해 생성된다.

인간과 생명에 국한되지 않고 이 세계의 만물은 모두 이러한

상호작용(물체를 생성하는 물체의 작용)에 의해 만들어진다.

그리고 이러한 상호작용을 만든 본질이야말로

상대성을 초월한 형태 없는 작용(궁극의 도)이다.

표면적인 의미

근원으로 돌아가려고 하는 것,

그것이 도가 가지는 성질이다.

그 작용은 연약을 상징한다.

(그러한 까닭에 진정한 도로 돌아갈 때

사람은 그것을 의지하지 않고 느끼는 것인지도 모른다.)

모든 것은 '유'에서 생기는 것이나

그 '유'는 (가장 의지할 수 없는) '무'에서 생기는 것이다.

(그 '무'와 하나가 되는 것이 도이다.)

표면적인 의미+이면적인 의미

딱딱하고 능동적인 남성의 성기와

부드럽고 수용적인 여성의 성기에 의한 성교와 같이

모든 것의 존재는 상대 음양의 작용에서 생긴다.

이 삼라만상의 근원인 상대 작용(유)을 성립시키는 것이야말로

존재를 초월한 성스러운 성(힘)이다.

이 성스러운 성과의 합일은 사람을 근원으로 돌아가게 해준다.

누구와도 경쟁하지 않는 존재를

초월한 차원으로 인도하는 것이다.

5. 성(性:엑스터시)에서 성(聖:유니온)으로

塞其兌 閉其門 終身不勤 (색기태 폐기문 종신불근)

開其兌 濟其事 終身不救 (개기태 제기사 종신불구)

見小曰明 守柔曰强 (견소왈명 수유왈강)

用其光 復歸其明 無遺身殃 (용기광 복귀기명 무유신앙)

是爲習常 (시위습상)

(52장)

그 욕심의 구멍을 막고, 그 욕망의 문을 닫으면

평생토록 애쓰는 일이 없다.

그 욕심의 구멍을 열어놓고, 그 일을 다하면

평생토록 구원받지 못한다.

작은 것을 보는 것을 명(明)이라 하고

부드러움을 지키는 것을 강(强)이라 한다.

그 빛을 사용해 그 명에 복귀하면

몸에 재앙을 끼치는 일이 없다.

이것이 습도(習道)이다.

이면적인 의미

성을 영위하는 구멍을 닫은 채로

그것을 갈구하지 않아도 충분한 차원에 도달하면

사람은 고뇌 없는 세계를 아는 것이다.

그 구멍을 열고 육체적 성의 쾌감만을 갈구하는 자는

진정한 극도의 행복감의 큰 사랑의 세계를 모른 채 끝난다.

현상의 배후에 있는 희미한 교합 차원(도)을 볼 수 있는 눈,

그것이 명(각성된 마음)이고,

그러한 교합 차원(도)에 살 수 있는 영혼의 유연성,

이것이 진짜 강(부서지지 않는 절대적 강함)이다.

도의 빛에 의해 한 번 이 차원으로 돌아가면

인간은 누구라도 상처받지 않는 세계에서 살 수 있다.

이것이 내가 말하는 습도(習道)이다.

표면적인 의미

인간은 오감의 구멍(눈과 귀)을 열고

외부의 자극만 갈구해서는 안 된다.

그러한 삶의 태도는 자신을 잃게 만든다.

그것을 닫으면 피곤할 일도 없다.

외부 세계에는 없는 내부의 희미한 세계를 보라.

그러면 부드러운 큰 사랑의 세계를 알게 될 것이다.

그렇게 하면 당신은 진정으로 강해진다.

내부 세계의 빛을 감지하고, 그 안에 들어가면

마음이 상처받는 일도 없어진다.

그러한 삶의 태도를 '습상(習常)'이라 한다.

표면적인 의미＋이면적인 의미

성을 영위하는 구멍을 닫아보라.

모든 욕을 갈구하지 않아도 되는 차원에 도달해보라.

거기에는 언제든지 마음을 멸망시키지 않는

자유로운 세계가 있을 것이다.

세상 사람들은 마치 욕망의 노예와 같다.

진정한 큰 사랑을 모르기 때문에

일시적인 사랑을 갈구할 수밖에 없는 것이다.

보라, 이 우주의 배후에 작용하는 교합 차원을!

돌아가라, 변화무쌍한 절대적인 차원으로!

이 절대적인 차원에서 온 빛은

절대 배신하지 않는 진실의 세계로 우리를 인도한다.

이것이 우리가 말하는 '습상'(영원불변의 세계에 들어가는 것)이다.

노자의 변명

1쇄 인쇄 2011년 8월 10일
1쇄 발행 2011년 8월 18일

지은이 치가 가즈키 · **옮긴이** 김치영
펴낸곳 도서출판 **말글빛냄** · **인쇄** 삼화인쇄(주)
펴낸이 박승규 · **마케팅** 최윤석 · **디자인** 진미나
주소 서울시 마포구 서교동 463-3 성화빌딩 5층
전화 325-5051 · **팩스** 325-5771 · **홈페이지** www.wordsbook.co.kr
등록 2004년 3월 12일 제313-2004-000062호
ISBN 978-89-92114-71-4   03150
가격 12,000원